Schachbrett Nahost

Christian Kramp

CHRISTIAN KRAMP

SCHACHBRETT NAHOST

CHRISTIAN KRAMP

INHALT

	Danksagung	7
1	Der Islamische Staat	9
2	Chivsar Tika verdrängt HaTikva	45
3	Gegen den IS gibt es keinen einfachen Weg	58
4	Saudi-Arabien	77
5	Kalter Krieg im Mittleren Osten	97
6	Falken im Heiligen Land	114
7	Russland, Kurdistan und Einflussgebiete	126

CHRISTIAN KRAMP

DANKSAGUNG

Danken möchte ich den Menschen, die mir über Jahre immer wieder einen Einblick in ihre Länder und ihre Religionen gewährt haben. Egal ob Israelis, Syrer, Libanesen, Kurden, egal ob Juden, Jesiden oder Muslime, jedes Gespräch gewährte mir einen wichtigen Einblick.

DER ISLAMISCHE STAAT
(Veröffentlicht: 30. September 2015)

"Daesh", wie man den Islamischen Staat (IS) oder früher bekannt als der Islamische Staat in Irak und Syrien/der Levante (ISIS/ISIL) in der Türkei nennt, wird überall meist als die größte, wenn nicht sogar DIE Gefahr überhaupt angesehen. Scheinbar unbemerkt hat sich diese Organisation, deren Titulierung als Terrorgruppe zustimme, erst unbemerkt, dann unbarmherzig wie ein Krebsgeschwür durch den Irak und dann durch Syrien gefressen und ein Machtvakuum gefüllt, das durch Schwäche der Regierenden sowie konfessioneller Differenzen (Irak) und eines Bürgerkriegs (Syrien) hinterlassen wurde. Diese ehemalige Al-Qua'ida-Zweigstelle hat sich emporgehoben, um eine Gesellschaftsform im Nahen und Mittleren Osten und später in der Welt (nach Jürgen Todenhöfers Videoaufzeichnungen) zu verbreiten, die nur ihren

9

Anhängern nach islamisch ist, aber mit dem Islam an sich nichts zu tun hat.

Ich möchte hier auf die Ursprünge des Islamischen Staates eingehen, auf die Grundlagen für seinen Aufstieg und einen geostrategischen Blick auf die Situation werfen.

Historische Grundlagen
Panarabismus

Man kann nicht über den Islamischen Staat und Islamismus an sich reden, wenn wir nicht auch den Nahostkonflikt kurz beleuchten. Radikale Ansichten des Islam, das sei erwähnt, gibt es schon seit Jahrhunderten und die älteste, bis heute sogar "regierende" Form ist der Wahabismus in Saudi-Arabien, dem Land wo die heiligsten Stätten des Islam, Mekka und Medina, liegen.

Und doch hat der heutige Islamismus, also der politisierte und in unserem Falle radikale Islam (wenn man ihn denn mit der Religion verbinden will) seinen

Ursprung aus dem Scheitern des Panarabismus, angeführt durch den ägyptischen Präsident Gamal Abdel Nasser, der seinerzeit gegen den noch jungen Staat Israel zu Felde zog und damit Millionen von Arabern zu begeistern vermochte. Der Staat Israel entstand kurz nach dem Zweiten Weltkrieg, als unzählige europäische Juden nach Palästina reisten, das damals noch ein britisches Mandat war und während des Ersten Weltkriegs sowohl den Arabern (die mit Sir Lawrence von Arabien gegen die mit Deutschland verbündeten Osmanen kämpften) als auch den europäischen, vor allem aber britischen Juden für ihre Loyalität. Ein Kuddelmuddel. Die Briten gaben später weder den Arabern noch den Juden das versprochene Land in Palästina, aber es siedelten sich mehr Juden an und erworben Land, die Spannungen nahmen zu.

Zurück zum Panarabismus. Nach dem Unabhängigkeitskrieg Israels (1948), für arabische Völker war dies eine *Nakba* (Katastrophe), gab es dazu die Suezkrise (1956–1957), den Sechstagekrieg (1967) und den Yom-Kippur-Krieg (1973) wurde der einst starke ägyptische Präsident Nasser immer schwächer und damit auch die Idee einer panarabischen Union. Auch sein Nachfolger, Anwar as-Sadat, vermochte die Schmach nicht wettzumachen. Israel festigte seinen Platz im Nahen Osten und es forcierten sich aus der enttäuschten Menge heraus jene, die mit radikal-religiösem Eifer weiter gegen Israel haben kämpfen wollen. Denn schließlich gehörte zu Israel auch Jerusalem, Heiligtum für Juden, Christen und Muslime gleichermaßen. Doch Sadat sann nicht nach Rache oder einem Krieg, sondern unterzeichnete 1978 mit Israel einen Friedensvertrag, der Ägypten erstmal isolierte. Ihm aber sollte es das Leben kosten. Der Vertrag kann sozusagen als Initialzündung für Terrorgruppen gesehen werden, die sich nun auf den Koran und nicht auf Marx bezogen, wie einst die Gruppe des Schwarzen September. Mit dem Attentat auf Sadat und des anschließenden Prozesses gegen Attentäter und Mitglieder der dahinter steckenden religiösen Terrorgruppe trat nun auch jemand öffentlich auf, der noch lange Zeit später als Gesicht des Terrorismus bekannt sein durfte: Aiman az-Zawahiri.

Das öffentliche Auftreten von Aiman az-Zawahiri vor Gericht wurde auf Kamera festgehalten und man nutzte die Aufmerksamkeit für ein Statement, das noch heute bekannt ist und verwendet wird, wenn man über den gelernten Arzt spricht.

Die Geburtsstunde des Terrorismus unter Gebrauch des Islam

Im Iran gab es 1979, also um die selbige Zeit rum, die islamische Revolution gegen Reza Shah Malawi, einem von den Vereinigten Staaten gestützten Monarchen, der nicht gerade für den Respekt gegenüber Menschenrechten bekannt war. An seine Stelle trat nun der Ajatollah Ruhollah Khomeini, der später auch als Imam bezeichnet werden sollte. Der Iran war und ist noch heute das Land mit der größten schiitischen

Bevölkerung. Über die Konfessionen werde ich später noch etwas schreiben.

Auch 1979 fand der Afghanistankrieg seitens der UdSSR statt, die sich damit in einen zehn Jahre andauernden Krieg gegen Mudschahidin, also sogenannte Gotteskrieger, verwickeln würde. Die Gotteskrieger waren kamen von überall her und formten eine internationale Gruppe, die den Sowjets auch deswegen Verluste hinzufügten, weil sie von den USA unterstützt wurden. Dumm nur, dass diese sich später gegen selbige wenden sollte. Und zu ihnen sollte sich auch der Sohn eines reichen saudischen Bauunternehmens gesellen: Osama bin Ladin.

Ähnlich erging es den USA mit Saddam Hussein, Präsident des Irak, der im irakisch-iranischen Krieg auch zu geächteten chemischen Kampfstoffen griff. Es galt für ihn, dass man den Einfluss des Iran dämmt. Hier kristallisiert sich aber auch das Problem Irak heraus, da dieser mehrheitlich schiitisch bevölkert ist, vor allem im ölreichen Süden, Hussein aber ein Sunnit war und in seiner Paranoia gegenüber Khomeini die Schiiten eher unterdrückte.

In den 80er Jahren des 20. Jahrhunderts kam es vor allem in Palästina zu gewalttätigen Auseinandersetzungen im Rahmen einer Intifada (Aufrüttelung), in deren Wirren auch die sunnitische Hamas entstand. Im Libanon tobte zugleich ein brutaler Bürgerkrieg, wo sich verschiedenste Parteien bekämpften und auch Israel mit massiven Menschenrechtsverletzungen auffiel. Ein bekanntes Gesicht dabei war der spätere Ministerpräsident und Likud-Politiker Ariel Sharon. Auch hier entstand eine bewaffnete Gruppe, die schiitische Hisbollah, die die Unterstützung des Assad-Regimes und des ebenfalls schiitischen Irans hinter sich wusste.

Im Irak, von dem sich die USA distanzierten, prägte Hussein den islamischen Baathismus, um sich die Gunst religiöser Bürger zu sichern. Jedoch verstand er von der Religion selbst weniger als er zugab, ließ er doch einen Koran mit Blut schreiben, was aber als unrein galt.

Der erste Golfkrieg der Alliierten von USA und Großbritannien gegen den Irak Saddam Husseins in Folge der irakischen Invasion im Emirat Kuwait führte auch dazu, dass die USA ihre Truppen in Saudi-Arabien stationieren konnten. Zu den US-Streitkräften zählten auch unverschleierte Frauen. Da der Krieg zwischen 1990 und 1991 gefochten wurde, feierten die Soldaten in ihren Camps auch Weihnachten. Doch dass "ungläubige Amerikaner" auf dem heiligen Boden der arabischen Halbinsel ein christliches Fest feierten und sich auch so nicht gemäß strenger islamischer Regeln benehmen konnten, erzürnte nicht nur Wahabiten, sondern auch das Oberhaupt einer radikalen Gruppe, die wir gleich noch kennenlernen werden.

Der "Krieg gegen den Terror"

Wir wagen nun einen größeren Sprung ins Jahr 2001. Die Al-Qua'ida benannte Gruppe des Osama bin Ladin war bereits bekannt für Attentate, zum Beispiel auf die US-Botschaft in Kenia. Doch niemand vermochte das Ausmaß einer Aktion zu erahnen, die sich am 11. September 2001 ereignen sollte. Terroristen entführten vier Passagiermaschinen in den USA, flogen je eines in die Türme des World Trade Centers in New York, ein weiteres in einen Teil des Pentagon in Washington D.C. und das vierte Flugzeug stürzte während der Überwältigung der Entführer ab. Für den neokonservativen republikanischen Präsidenten George W. Bush, Sohn des zum ersten Golfkriegs regierenden Präsidenten George H.W. Bush, galt es nun einen Krieg gegen den Terror zu führen. Man führte Krieg in Afghanistan gegen die Taliban, welche Osama bin Ladin nicht überführen wollten.

Leider dachte sich Bush jr. auf einer Siegeswelle und wollte Saddam Hussein im Irak zu Fall bringen. Hussein war es, gegen den sein Vater einst kämpfen ließ und dann doch nicht stürzte, obwohl die Kurden im irakischen Norden bereits gegen den irakischen Diktator aufbegehrten. Dieser zahlte es ihnen, nachdem der Krieg beendet wurde, mit Giftgas-Angriffen heim. Der Irak nun isoliert. Bush jr. führte vor den Vereinten Nationen (UNO) an, dass der Irak, der zusammen mit Iran und Syrien die "Achse des Bösen" bildete (parallel dazu bildete Bush jr. mit Cheney und Rumsfeld die Achse der Blöden), Terroristen ausbildete und mit Massenvernichtungswaffen die Welt bedrohen würde. Die Informationen dazu stammten übrigens von einem ehemaligen irakischen Wissenschaftler, der sich dem deutschen Bundesnachrichtendienst (BND) anvertraut hatte. Obendrein versprach eine Gruppe Exiliraker der US-Regierung, dass man sie jubelnd empfangen würde. Allerdings lag der Verdacht nahe, dass Bush jr. Zugriff auf das irakische Öl haben wollte. Nun griff man den

Irak in einer "Koalition der Willigen" im Jahr 2003 an. Der Irakkrieg 2003 war dabei ein Beispiel für die Instrumentalisierung der Medien, da sie gezielt in die Operationen eingebunden wurden und man ihnen feste Richtlinien dafür gab, was man berichten sollte. Leider war man auch nur so in der Lage, über die Lage zu berichten.

Am 1. Mai 2003 kapitulierten die irakischen Streitkräfte. Saddam Hussein war abgetaucht und wurde erst später gefasst und dann zum Tode durch den Strang verurteilt. Im Irak entlud sich die Wut an den ehemaligen Mitgliedern der von Saddam Hussein geführten Baath-Partei und das Land spaltete sich in einen sunnitischen Teil (Minderheit) und einen schiitischen Teil.

EDIT (16. Nov. '15): Da die irakischen Streitkräfte durch den Verwalter des Iraks, Paul Bremer, aufgelöst und somit 400,000 kampferprobte Iraker arbeitslos waren, gab es fortan Menschen mit Kampferfahrung, aber ohne Beschäftigung, die sich irgendwie zu orientieren hatten.

Dadurch, dass es im Irak nun ein Machtvakuum gab, gab es wahrscheinlich auch die Möglichkeit, dass der schiitische Iran seine Glaubensbrüder im Südwesten des Irak hat unterstützen können. Finanziell oder logistisch. Bekannte wurde das Beispiel von Muqtada as-Sadr, dem wohl mächtigsten schiitischen Politiker im Irak, der auch eine Miliz unter sich wusste und der auch für Sadr City in Bagdad steht.

Durch die Zuspitzung des konfessionellen Konflikts stieg auch die Furcht der Sunniten hervor, dass man unter den Schiiten nichts zu lachen hätte, gar dass es eine Revanche für die Unterdrückung unter Saddam Hussein gäben würde. Dies kam auch dadurch zutage, dass die Ministerpräsidenten fortan Schiiten waren, so zum Beispiel Iyad Allawi oder Nuri al-Maliki.

In Folge von 9/11 und vieler Aktionen seitens der westlichen Staaten und Russlands kam es aber auch zu eklatanten Verletzungen von Menschenrechten, die zeigen, wie die Wut von 9/11 sich auf angebliche Terroristen, die wahrscheinlich aber nicht mal solche waren, niederschlug. In einer Form der Paranoia und mit geringem Verständnis für die Gefühle anderer Kulturen und Religionen kam es unter der Bush-Administration zu massiven Verstößen der Menschenwürde. Erkennbar wurde dies auch durch Bilder aus dem Gefängnis Abu Ghraib, welche an die Öffentlichkeit geraten sind und die Misshandlung von Insassen dokumentierten.

Auch die Furcht vor dem Islamismus an sich führte in den Bevölkerungen dazu, dass für die "einheimische" Bevölkerung die Grenze zwischen Frömmigkeit und Radikalität verschwindend gering war. Es war dann so auch die Angst der Menschen, die eine Integration erschwerte und Menschen muslimischen Glaubens ausschloss. Sicher sind dies nicht alleinige Gründe, konnten aber auch als solche angeführt werden.

Im irakischen Westen breitete sich fortan Unruhe aus, es gab auch eine Niederlassung der Al-Qua'ida unter Abu Mussaf az-Zarqawi. Die Organisation wurde im Laufe von US-Operationen in der Anbar-Region schwächer, auch weil Zarqawi starb und sich die Gruppe mehr und mehr von Al-Qua'ida lossagte und eigenständiger agierte. Doch die konfessionellen Spannungen nahmen unter Al-Maliki zu und mit einem neuen Mann an der Spitze der Gruppe, neuen Taktiken und dem Abzug der US-Truppen aus dem Irak konnte man nun im Handstreich ganze Distrikte übernehmen. Der Name des Mannes: Abu Bakr al-Bagdadi.

Sunniten und Schiiten kurz erklärt

Wenn man von Sunniten und Schiiten spricht, versteht man in Europa meist erst einmal nichts. Vom Islam weiß man selbst auch kaum etwas. So lassen sich die Unterschiede vielleicht leichter mit dem Unterschied zwischen Katholiken und Protestanten erklären. Nur fand die Spaltung des Islam in seine zwei Hauptkonfessionen früher statt. Nach dem Tod des Propheten Muhammad (SAAW) gab es Kalifen, die ihm folgten. Für den nicht kundigen Leser, es ist ähnlich einer Erbfolge gemischt mit dem Papsttum. So folgten ihm zwei Abdullah Abu Bakr (sein Schwiegervater), Umar ibn al-Khattab (ebenso Schwiegervater) und Uthman ibn Affan (Schwiegersohn). Der vierte Kalif begründete später auch das Schiitentum: Ali ibn Abi Talib (Talib hat nichts mit den Taliban zu tun. Talib ist das arabische Wort für Schüler), der Fatima, die Tochter des Propheten (SAAW), geheiratet hatte. Zuvor aber entbrannte ein Streit über die Nachfolge des Propheten (SAAW), da sich weder alle dem Kalifen Abu Bark (der dem Propheten (SAAW) seine jüngste Tochter Aicha zur Frau machte) Untertan machen wollten, dies aber auch bei Ali später der Fall sein sollte. Der Imam Ali sollte später kundtun, dass Muhammad (SAAW) ihn zum Nachfolger auserkoren habe.

Die Söhne von Imam Ali und Fatima, Hassan und Hussein, die auch zu den Imamen der Schiiten zählen, starben in Schlachten und werden bis heute in Heiligenstätten verehrt. Ein leider sehr makaberes Gedenkfest ist Aschura, eine Form der Selbstgeißelung, die vor allem im Libanon blutig zelebriert wird, indem man sich verletzt, um der Leiden eben dieser Imame zu gedenken.

Man kann also behaupten, dass es hierbei mehrheitlich um die Bestimmung der rechtmäßigen Erbfolge geht und damit um die Deutungshoheit im Islam. Die Erben des Propheten Muhammad (SAAW) sind übrigens am schwarzen Turban zu erkennen (schwarz gilt in arabischen Staaten als eine Farbe der Revolution, ähnlich wie Rot in der westlichen Welt). Heutzutage aber gibt es keine Person, die einen großen Einfluss auf den Islam oder seine Konfessionen hat, wenn auch der Iran ein Einflussfaktor für Schiiten im Libanon, in Bahrain, Irak, Nordost-Saudi Arabien und dem Jemen ist. Die Differenzen zielen aber auch auf die Verehrung der Imame ab, weswegen es immer wieder Attentate auf Anlagen gibt, die diesen gewidmet sind.

Der "Schwamm" Islamischer Staat

Im Irak profitierte der Islamische Staat (IS) unter al-Bagdadi davon, dass das irakische Staatssystem mit sich selbst beschäftigt war und sich in den Westprovinzen des Irak nicht so etabliert oder nicht akzeptiert worden war. *EDIT (16. Nov. '15): Al-Maliki vertraute der sunnitischen Minderheit nicht während die irakischen Sunniten der Regierung und vor allem der irakischen Armee nicht trauten.* So konnte sich der IS dort schnell ausbreiten. Man nutzte dazu aber auch ehemalige Mitarbeiter der Baath-Partei von Saddam Hussein, die die nötige Infrastruktur aufbauen konnte. Ebenso kooperierte man mit

Stämmen in den Provinzen, die, nachdem der Einfluss vergrößert wurde, vor die Wahl gestellt worden sind, ob man freiwillig dem IS beitreten würde oder sterben würde. Dieses System hat sich "bezahlt" gemacht. Andere schlossen sich an, weil man der irakischen, mehrheitlich schiitischen Regierung nicht traute. Der IS konnte sich im Irak schnell ausbreiten und konnte auch Ölfelder einnehmen, mit denen man Geld einnahm, das später noch wichtig werden sollte.

Die irakischen Streitkräfte konnten oft schnell geschlagen, deren Material eingesammelt werden. So findet man auch ab und an Humvees "made in the USA" aus irakischen Beständen im Sortiment des IS. Wer sich dem IS widersetzte oder gefangen genommen wurde, der konnte sich darauf gefasst machen, dass man eines qualvollen Todes sterben konnte. Enthauptungen, Erschießungen, Verbrennen bei vollem Bewusstsein und andere Grausamkeiten fanden ihren Weg. Dies schreckte auch die irakischen Soldaten, senkte deren

Moral. Andersgläubige wie die kurdischen Jesiden, die entfernt mit dem Christentum verwandt sind, wurden gezwungen zu konvertieren, wenn man nicht sterben wollte. So sollten vor allem die Frauen mit IS-Männern vermählt werden, was aber gegen den Glauben der Jesiden verstoß, nur innerhalb der Glaubensgemeinschaft zu heiraten und nur mit jenen, die in dieser Gemeinschaft geboren waren.

Syriens Aufstand schafft ein Machtvakuum

Im Jahr 2011 begann in Syrien ein Bürgerkrieg. Dies war die Folge von erfolglosen Protesten gegen den Diktator Baschar al-Assad und seiner Baath-Partei (die jedoch nicht mit der im Irak vergleichbar ist). Die Proteste wurden brutal niedergeschlagen. Der arabische Frühling war in Syrien zwar angekommen, aber nicht erfolgreich. Stattdessen wurde ein brutaler Bürgerkrieg entfacht, der sich im ganzen Land ausbreitete und von Menschenrechtsverletzungen begleitet wurde.

Fassbomben, Säureangriffe, Misshandlungen und weitere Verletzung des Menschenrechts fanden statt. Der Staat löste sich auf, hinterließ ein Vakuum, dass sich der IS zunutze machte und anfangs Seit an Seit mit den Rebellen kämpfte, ehe man wie im Irak die von mir so titulierte Schwammtechnik anwandte. Bashar al-Assad sah sich nun nicht nur mit den Rebellen konfrontiert, sondern auch mit den Islamisten. Ihm zur Seite standen die libanesische Hisbollah (die angeblich auch half, Proteste niederzuschlagen), die Islamische Republik Iran (ebenso im "Verdacht") und die Russische Föderation. Die Islamisten machten vor allem der IS und die mit dem IS befeindete, da mit Al-Qua'ida assoziierten Al-Nusra-Front aus. Kurden und die Nationale Koalition können zu den Rebellen gezählt werden. Auch involviert sind Israel, Saudi-Arabien, Katar (mit zweifelhaftem Ruf), die Türkei, die USA und einst auch die Vereinigten Arabischen Emirate (UAE). Zu den Opfern des Konflikts gehört auch hier wieder eine Gruppe, nämlich die der Aleviten, die sich unter dem Schutz Assads wähnten. Selbiges gilt für die Mitglieder der syrisch-orthodoxen Kirche und eben so zu Opfern wurden und werden können. Auch diese Konstellation spiegelt sich immer wieder mal unter Flüchtlingen wieder.

EDIT (16. Nov. '15): Ein einst geheimes Dokument der Defense Intelligence Agency (DIA) offenbart, wie im Juli 2012 US-Nachrichtendienste auf die Lage in Syrien schauten und gingen dabei auch, aber nicht nur auf ISIS ein, der in einigen Stellen noch Al-Qua'ida Irak genannt wird.

IS als Stabilitätsanker

Doch warum ist der IS so erfolgreich und wird nicht bekämpft? Sicher spielt der Gewaltgrad eine Rolle, der abschreckend wirkt. Man kann sagen, was man will, aber öffentliche Kreuzigungen, Steinigungen und abgetrennte Körperteile sind unaussprechliche Warnungen. Man bleibt oder flüchtet.

Trotzdem gibt es einen weiteren Grund, warum der IS sich hat halten können. Man brachte ein funktionierendes Sozialsystem mit. Der IS etablierte ein Beamtensystem und versorgt Waisen, Witwen, Arbeitslose und Kranke mit Geldern, um deren Überleben zu sichern. Man kümmert sich um die Infrastruktur, um, je nach geltenden Standard, Recht und Ordnung.

In einer Reportage sprach ein Bewohner, dass der IS anders als die vorherige Regierung einen funktionierenden Staat zu errichten wusste. Provinzen haben ein eigenes Budget, das man verwalte. Einnahmen flössen dabei aus Freikäufen infolge von Entführungen, aber auch das Öl spiele eine wichtige Rolle.

Anders noch als Al-Qua'ida konnte der IS sich einen Namen machen, indem man gezielter, aber auch entschlossener und offener auftrat. Während die einstige Bin-Ladin-Gruppe im Untergrund in Sicherheit wähnte und kaum mehr in Erscheinung trat außer im Jemen (in dem auch ein Bürgerkrieg tobt), schien der IS den Traum vieler, die den Koran falsch interpretierten, wahr zu machen und errichteten ein Kalifat, das den Menschen im Westen Angst einjagen konnte.

Ausländer als Shahids

Salafisten in den westlichen Staaten konnten von der professionalisierten Propaganda-Maschine des IS Gebrauch machen und um Anhänger werben. Immer wieder konnte man junge Frauen und Männer dazu überzeugen, sich dem IS anzuschließen. Dabei aber werden sie vermehrt als Schahids, also Märtyrer für Selbstmordattentate eingesetzt. Es ist eine Ironie, dass eine Organisation, die viele Menschen unter sich vereinen möchte, zwischen Ausländern und Einheimischen unterscheidet. Und trotzdem kann man immer wiede neue Menschen locken, auch weil nicht alle verheizt werden. Man verspricht ihnen Reichtum, Frauen, aber auch Sportwagen—die ersten wurden schon enttäuscht. Jedes Land aber muss aufpassen, dass der IS noch mehrere Freiwillige anwirbt. Aus China konnten bereits Kämpfer gefunden werden, aus dem Westen kamen welche und wahrscheinlich aus dem zu Russland gehörenden Nordkaukasus.

Ziele des IS

Was sind die Ziele des IS? Man könnte es mit dem Wort "Weltherrschaft" betiteln, vor allem wenn man sich folgendes Video ansieht, welches Herr Jürgen Todenhöfer im Laufe seiner Reise in den IS hat aufnehmen können.

Man sollte sich jedoch auf einige Regionen beschränken, wo der IS derzeit kämpft und wohl kämpfen wird. Das ist vor allem der Nahe Osten Libyen, wo der IS sich hat ausbreiten können. Ebenso die Sinai-Halbinsel, die zu Ägypten gehört. Afghanistan ist hochwahrscheinlich und dort wird man wie Al-Nusra in Syrien mit den Taliban konkurrieren. Dann könnte der Iran gefährdet sein, da dieser dann zwischen Afghanistan und Irak liegt. Es wird darauf hinauslaufen, dass man wohl auch in Jordanien und Saudi-Arabien einfallen kann und wird. Vor allem Saudi-Arabien kann in Gefahr sein, hat der IS doch auch angekündigt, man wolle die Kaaba in Mekka zerstören.

EDIT (16. Nov. '15): Mit dem Bombenanschlag auf die vom russischen Unternehmen Metrojet betriebenen Passagiermaschine über dem Sinai (224 Tote), dem Anschlag in der libanesischen Hauptstadt Beirut (mindestens 40 Tote) und in der französischen Hauptstadt Paris (am 16. November sind es 132 Opfer) hat ISIS seinen Feldzug ausgeweitet und sich an jene Parteien gerichtet, die in Syrien aktiv sind.

Sorgen machen sollte und macht sich auch Russland wegen des Nordkaukasus, das zu ihm gehört. Führte man, wenn nicht den ersten, dann schon den zweiten Tschetschenienkrieg mit religiösem Eifer auf beiden Seiten, dann ist klar, dass eben jene Region attraktiv für den IS und seine Anhänger ist, vor allem aber auch, dass sich Präsident Wladimir Putin dadurch dazu genötigt fühlt, Assad mehr als zuvor zu unterstützen, um den IS zu bekämpfen. Denkt man weiter, dann könnte sich auch China um seine Uiguren-Provinz sorgen. Es gibt viele Brennpunkte.

Wie ließe sich der IS bekämpfen?

Es ist, wie ich finde, nicht so leicht zu sagen, wie und ob sich der IS bekämpfen ließe. Wir haben verfolgen können, woher die Probleme rühren, wie sie ausgelöst wurden.

Erkennt man, dass es keine einfache Lösung gibt, dann begreift man, dass es zu viele Faktoren gibt. Dies fängt bei der Palästinafrage an, wo man nicht darum streiten sollte, in welchem Staat Jerusalem liegt, sondern diese Stadt in die Obhut einer unabhängigen Organisation geben und Frieden finden. Dieser Konflikt ist wie ein kleiner Brandbeschleuniger.

Um den Nachschub an Kämpfern aufzuhalten muss man integrieren statt ausschließen. Und dies darf nicht einseitig seitens jener geschehen, die einem anderen Kulturkreis angehören, sondern muss auch von den "Einheimischen" aus geschehen. Denn beide Teile einer Gesellschaft erschaffen sich ihre Parallelgesellschaften, indem sie den Gegenpart ausblenden. Wer sich in einer Gesellschaft nicht zurechtfindet oder sich missverstanden fühlt, der wird sich Orientierung suchen. Dies kann dann auch eine radikale Organisation sein, die sich den Deckmantel der Religion zunutze machen. Auch muss ein grundlegendes Verständnis für die Religionen her und so manche, die Panik verbreiten, müssen einhalten mit der Panikmache vor dem Islam, von dem manche erst nach 9/11 gehört haben und seitdem auch nicht verstanden haben.

In Syrien wird die Vertreibung des IS schwer gelingen. Schwerer noch mit Assad. So kann ich Herrn Putin verstehen, wenn er Baschar al-Assad als Stabilisator halten will, dennoch ist es schwer dies jenen zu vermitteln, die gegen ihn kämpften oder Angehörige durch ihn verloren haben. Assad darf, wenn überhaupt, nur eine Übergangslösung sein. Es müssen stabile Infrastrukturen geschaffen werden, damit die Bürger auch an diesen festhalten wollen und an eine Staat glauben, der sich kümmert, ohne gleichzeitig mit Gewalt zu drohen.

Im Irak wird die Lage kniffliger aufgrund der konfessionellen Unterschiede. Man könnte einerseits den Irak aufteilen und den schiitischen Landesteil unabhängig existieren lassen oder aber dem Iran zuteil werden lassen. Oder aber man könnte ein System erschaffen, das, ähnlich dem des Libanon, jeder Konfession ein Amt zuweist, um so den Frieden zu sichern.

Doch so oder so wird man um Bodentruppen wohl kaum vorbeikommen. Und dies erfordert Mut, aber auch harte Nerven. Es wird ein Gemetzel bedeuten, dass moralisch der IS gewinnen könnte. Und doch zeigen gerade die kurdischen Widerstandskämpfer und die Peschmerga, dass es möglich ist, den IS zu besiegen.

Edit

Es sei hinzuzufügen, dass eine angebliche Aussage von Russlands Präsidenten Wladimir Putin:

"Die USA haben in vier Tagen den gesamten Irak übernommen und kontrolliert, 600,000 Menschen getötet und die gesamte irakische Armee zum Stillstand gebracht. Und jetzt sind sie nicht fähig eine

Horde von Mördern, Drogenabhängigen und Kinderschändern, die

sich IS nennen, auszuschalten."

natürlich die Frage aufwirft, wie stark der IS denn nun sei. Der Aussage oben nach zu urteilen müsste es ja einfach sein, schließlich haben die USA zusammen mit Großbritannien den Irak und damit seine Streitkräfte (damals, 2003, mit eine der größten Armeen der Welt) innerhalb von 41 (nicht vier) Tagen besiegt bzw. zur Kapitulation bewogen.

Aber auch hier muss man daran erinnern, dass konfessionelle Konflikte eine wichtige Rolle spielten, auch in der Armee. Die irakische Armee war außerdem nicht gut ausgerüstet, vor allem wegen des UN-Embargos, das über Saddam Husseins Irak verhängt wurde. Die Moral war, abgesehen von der Republikanischen Garde, auch nicht zum Besten bestellt. Schließlich war man wie in vielen anderen Diktaturen in einer Position, wo man zwar zum Kampf eingeschworen war, nicht aber wirklich hinter dem Regime stand, eben aus konfessionellen Gründen, oder weil Verwandte im Verdacht von Tätigkeiten gegen das Regime standen oder weil die wirtschaftliche Lage katastrophal gewesen ist.

Dies ist aber auch der Unterschied zum IS. Kämpften in Husseins Armee vordergründig Wehrpflichtige und Berufssoldaten, die einfach ihre Familien zu ernähren hatten, sind es beim IS fanatische Überzeugungstäter, die in der falschen Auslegung des Islam ihren Antrieb sehen. Der Vergleich mag hinken, aber es ist so, als würde man einen modernen Kampfpanzer gegen einen Panzer aus dem Zweiten Weltkrieg antreten lassen und plötzlich trifft dieser moderne Kampfpanzer auf ein moderneres Gegenstück.

Somit wäre das Zitat Putins, welches mit großer Wahrscheinlichkeit keines ist—bis auf rechte Seiten mit konspirativem, zweifelhaftem und amateurhaftem Inhalt findet sich keine annähernd ernstzunehmende Quelle und auch Russia Today führt dieses nicht auf, eine Fälschung.

Edit 2 (1. März 2016)

In Syrien befinden sich seit einiger Zeit nun auch russische Streitkräfte. Das sind Luftstreitkräfte, vermutlich aber auch Mitglieder des Heeres. Man wolle gegen die "Terroristen" vorgehen, die den syrischen Partner Baschar al-Assad bedrohen, teilweise schon in den Vororten der Hauptstadt Damaskus stehen. Dies schränkte aber nicht ein, dass das russische Militär gegen oppositionelle, gemäßigte Kräfte wie die Freie Syrische Armee vorgeht. Wenn es auch wie Sarkasmus klingt, dass Separatisten, die gegen eine Regierung vorgeht, als Terroristen bezeichnet werden, während man ein ähnliches Vorgehen in der Ostukraine fördert, heißt dies in dieser Situation, dass der Fokus nicht unbedingt auf der Bekämpfung des IS läge, sondern auf dem Schutz Syriens von Baschar al-Assad, ähnlich der Politik der Türkei von Ministerpräsident Ahmet Davutoğlu (AKP), die sich eher auf die Diffamierung und Bekämpfung kurdischer Milizen im Norden Syriens und des Irak beschränkt.

Schlimmer noch: durch den Abschuss eines russischen Kampfflugzeuges an der türkisch-syrischen Grenze durch die russische Luftabwehr kam es zu Spannungen, die Befürchtungen wecken, dass Syrien zu einem Schlachtfeld für verschiedenste Mächte verkommt und der IS trotz all seiner Grausamkeit nur noch eine Nebenrolle spielen wird.

Es sei aber nicht zu bezweifeln, dass sowohl die Türkei als auch die Russische Föderation gegen den IS vorgehen. Doch lässt sich das Ausmaß im Vergleich zum selbigen der internationalen Koalition anzweifeln.

Verschweigen will man aber nicht, dass der IS zurückgedrängt wurde. Im Irak konnte die irakische Armee Erfolge feiern. So wurde die Stadt Ramadi zurückerobert und man bereite sich darauf vor, dass Mossul, eine der größten Städte des Irak, zurückerobert würde. Die kurdischen Milizen konnten ebenso Erfolge feiern und festigen nun ihre Stellungen. Jedoch kam es auch zu Vertreibungen arabischer Einwohner, die im Norden der jeweiligen Staaten lebten.

Die Terraingewinne mögen auch der Kampfmüdigkeit der IS-Kämpfer geschuldet sein wie auch internen Machtkämpfen. So sollen in ar-Raqqa, einst als Hauptstadt des IS gehandelt, vom "Geheimdienst" der Terrormiliz mehrere Kämpfer enthauptet worden sein. Die Bevölkerung habe außerdem mit Kürzungen in der Versorgung zu leben. Ein Problem mag auch sein, dass mit dem sinkenden Ölpreis der Export von eben diesem Rohstoff weniger lukrativ ist.

Leider wird der Optimismus durch die Terraingewinnung und die Schwächung der Islamisten im Mittleren und Nahen Osten getrübt, wenn man nach Libyen schaut. Dort konnten sich bewaffnete Gruppen, die sich dem IS zugehörig fühlen, wichtige Küstenstädte erobern, die auch für den Ölexport wichtig sind und in die Staatskassen Libyens dringend notwendige Einnahmen spülen würden (trotz Preisverfalls).

CHIVSAR TIKVA VERDRÄNGT HATIKVA
(Veröffentlicht: 6. Oktober 2015)

Im nahen Osten brodelt es. Mal wieder, möchten die einen meinen. Die anderen sagen, wieso mal wieder, tut es das nicht schon. Wieder ein dritter mag meinen, dass es nicht mehr brodelt. Nein, es läuft längst über.

Die Zahl drei ist in diesen Tagen wohl allgegenwärtig, erwarten doch viele Experten, dass die derzeitige Lage in einer dritte Intifada (انتفاضة, Arabisch für Aufrüttelung) münden könnte. Und so mag aus HaTikva (der Hoffnung, so auch der Name der israelischen Nationalhymne) schnellstens der Chivsar Tikva (Hoffnungslosigkeit) weichen.

In Israel regiert nun seit etwas mehr als zwei Amtsperioden der rechtskonservative Likudblock mit Ministerpräsident Benyamin "Bibi" Netanyahu und koaliert dabei mit der zentristischen Kulanu-Partei, der nationalreligiösen Partei der Jüdischen Heimat, der religiöskonservativen Vereinigtes Torajudentum und der jüdisch-orthodox geprägten Schas-Partei. Sie vertreten seit dem Bruch der Likud-geführten Regierung mit der nationalistischen Yisrael Beitenu (Unser Haus Israel) Partei des einstigen Außenministers Avigdor Lieberman eben diese Partei, die durch markige, vor allem aber teils rassistische Sprüche aufgefallen war.

Die derzeitige israelische Regierung, die mit nur einem einzigen Mandat die mehrheit in der Knesset, also dem Parlament hält, ist, man merkt es, religiös ausgerichtet und ist den jüdischen Siedlern im Westjordanland zugewandter als den Friedensbewegungen wie Peace Now! Doch gerade dies, gepaart mit blinder Angst und einem Überlegenheitsgefühl, das es in Israel wohl so schon lange nicht gegeben hat, mag nun zu einer Prüfung des jüdischen Staates werden.

Siedlungen auf palästinensischem Gebiet

Einer der wohl bekanntesten und provokantesten Auswüchse der israelischen Religiosität auf Regierungsebene und damit auch ihre Schwäche ist der Siedlungsbau. Dieser geschieht nicht auf israelischem, sondern auf palästinensischem Territorium und damit im Westjordanland. Im Gazastreifen wurden die Siedlungen im Rahmen des Scharon-Plans (nach dem verstorbenen Ministerpräsidenten Ariel Scharon—ebenfalls Likud) geräumt und hätten heutzutage wohl auch große Probleme bei der Gewährung ihrer Sicherheit.

Die Sicherheit der Siedlungen gewähren teilweise meterhohe Mauern, die, man mag es ahnen, nicht direkt an der Grenze zwischen Israel und dem Westjordanland verlaufen, sondern oft (zu 80%) auch in das palästinensische Territorium hineinreichen. Andernorts mögen Städte teilweise geteilt oder Stadtteile abgesperrt worden sein—z.B. Hebron—oder es gibt starke

Einschnitte bei den Zugängen für Palästinenser auf eigenem Territorium.

Für jüdische Siedler, die oftmals streng religiös sind und dafür bekannt sind, dass sie den in Israel für Frauen wie Männer obligatorischen Wehrdienst verweigern und auch früher verweigern konnten, sind die Palästinenser eher ein notgedrungenes Übel für ein ihnen von Gott geschenktes Land. Das Recht Gottes steht für eben jene jüdische Radikalen ebenso wie bei Evangelikalen in der "westlichen Welt" und den radikalen Islamisten über dem eigentlichen, irdischen Gesetz. Übrigens verhindert die Ablehnung des Militärdienstes nicht, dass jüdische Siedler nicht doch noch zu Steinen greifen, um damit nach jemanden zu werfen.

Dabei sind die israelischen Sperranlagen nicht einmal legal. Der internationale Gerichtshof hatte einst entschieden, dass hiermit gegen geltendes Völkerrecht verstoßen würde und man die Anlagen abzureißen habe. Geschehen ist dies bis heute nicht.

Orthodoxe Juden und die nächste Generation von Babyboomern

Was die Probleme, die heute schon eklatant sind, noch vergrößern wird, sind die orthodoxen Juden, also jene strenggläubigen Israelis, die ihr Leben dem Thora-Studium gewidmet haben—und fleißig Nachwuchs zeugen. Es ist wahrscheinlich, dass jene religiöse Gruppierung in Israel die Mehrheit stellen. Und dann könnten sie erheblichen Einfluss auf Israels Politik haben. Schon jetzt haben die Siedler einen immensen Einfluss, wie man dies an der aktuellen Regierungskoalition erkennen kann.

In Israel aber gibt es eine Gegenbewegung, die sich gegen die rückwärtsgewandten Religiösen wehrt und sich sowohl für ein weltoffenes und auch liberales Israel einsetzt. Man erinnere sich, dass in diesem Jahr ein ultraorthodoxer Jude während einer Homosexuellenparade ein brutales Attentat verübt hatte. Hier trafen zwei gegensätzliche Milieus aufeinander. Selbiges passiert, wenn ein jenes ultraorthodoxes, erzkonservatives Milieu auf Symbole der Moderne trifft und so zum Beispiel ein Musikgeschäft zerstört, da Musik der Gotteslästerung gleichzusetzen sei—ähnlich wie bei Taliban oder Islamischer Staat.

Ebenso passiert es, dass Leute (und damit auch Journalisten), die in Viertel gehen, die von strenggläubigen Juden besucht werden, und mit einer Kamera oder ähnlichem ausgerüstet sind, zum Beispiel mit Wasserballons beworfen werden.

Dies ist der krasse Kontrast zum modernen Israel, wo Startups wie Waze international für Aufsehen sorgten, weil sie von Google aufgekauft wurden, wo es eine aktive Musikszene gibt und Tel Aviv als weltoffene

Stadt auch bei Homosexuellen beliebt, wenn nicht gar als Vorreiter anerkannt ist.

Bibi mit Streichholz und Apartheidsgedanken

Die letzten Monate standen in Israel im Zeichen tiefgehender politischer Diskussion über das Verhalten gegenüber Palästinensern und dem Selbstverständnis Israels.

So kamen Apartheidsdiskussionen auf, als man darüber nachdachte, Israel sollte sich als rein jüdischen Staat verstehen, was dann aber die Rechte der israelischen Araber drastisch eingeschränkt hätte. Sicherlich wurde Israel als Staat der Juden nach der Shoah, also dem Holocaust, gegründet im Land, wo einst die Vorfahren lebten, aber in der Moderne lebten dort jüdische Siedler—auch die Vorfahren Ariel Sharons—im Frieden neben den arabischen Einwohnern.

Heiß diskutiert wurde auch Netanyahus Vorpreschen beim Vorgehen gegen palästinensische Steinewerfer. Sie sollten, so der Likud-Politiker, erschossen werden.

Die aktuelle Diskussion um die Zerstörung der Häuser von Attentätern setzt dem nun die Krone auf, dies dann auch vor dem Hintergrund der Auseinandersetzungen um den Felsendom in Jerusalem, wo sowohl die für Juden bedeutsame Klagemauer wie auch die heilige Al-Aqsa-Moschee liegen.

Die Situation kann man wohl gut verbildlichen, wenn man sich die Landkarte für Israel und Palästina als großen Benzinflecken vorstellt, auf dem stehend Netanyahu mit einem Streichholz zündelt.

Knifflige Lage, zwei Fronten und ein Kriegstreiber

Selbstverständlich heißt das nicht, dass Israel vor Netanyahu nicht auch anzuzweifelnde Handlungen begangen habe. Die Grenzschutzanlagen gehören dazu. Ebenso die Zerstörung des Eigentums palästinensischen Eigentums oder auch die Blockade um das Amtsgebäudes des damaligen Palästinenserpräsidenten Jassir Arafat.

Dennoch steckt Israel in einem Dilemma, wo es sich auch nicht als angreifbar zeigen kann. Es steckt zwischen dem von der radikalislamischen Hamas regierten Gaza-Streifen, zwischen dem Westjordanland, wo sich der Palästinensische Islamische Jihad reaktivieren will. Im Gaza-Streifen soll sich derweil der Islamische Staat (IS) ausbreiten. Im Norden und Nordosten sind die Schiiten-Miliz Hisbollah sowie (auf syrischer Seite) Islamischer Staat und Al-Nusra-Front (Al-Qua'ida) zu finden. Im Süden liegt Ägypten, das zwar von Präsident al-Sisi regiert wird, der über den

Sinai jedoch die Kontrolle eher verloren hat und wo IS-nahe Rebellen die Macht haben.

Aus dem Gaza-Streifen, einem der dichtbevölkertsten Flecken auf der Welt, da auch sehr klein, fliegen einige Male schon Raketen in nahegelegene Regionen Israels. Israels Reaktion ist des öfteren die eines Luftschlags. Ähnlich also dem der Türkei gegen die PKK, jedoch mit umgekehrter Empörung und Terrorismus-Deklaration bei ähnlichem ethnischem Konflikt.

So ist man in Israel also ständig im Verteidigungsmodus, kämpft ums Überleben. Wahrscheinlich ist dies auch der Grund für die nicht enden wollende Paranoia Netanyahus beim iranischen Atomprogramm.

Sicherlich muss Israel reagieren und sich verteidigen, vor allem aber muss es von staatlicher Seite her seine Haltung gegenüber den Palästinensern halten. Denn wie hieß es doch mal beim (dem jüdischen Glauben angehörenden) New York Times-Journalisten Thomas Friedman; die Situation in den Palästinensergebieten und die Einschränkung der Bewegungsfreiheit können dazu führen, dass man vor lauter Verzweiflung zu jemanden wird, der zur Waffe greift und Attentate verübt. Und so sagte selbst Israels früherer Verteidigungsminister Ehud Barak 1998 gegenüber der Tageszeitung HaAretz:

"Wäre ich ein Palästinenser im richtigen Alter, so würde ich schließlich einer terroristischen Organisation beitreten."

Es liegt an Israel und an den Palästinensern sowie seinen Nachbarn, dass man sich aufeinander zubewegt. Einen Nahen Osten ohne Israel kann und wird es nicht geben. Doch es wird auch ebenso keinen Nahen Osten ohne die Palästinenser geben. Fraglich ist, ob es am

Ende einen Bundesstaat mit Palästina und Israel geben wird oder aber zwei Staaten. Und wie wird die Jerusalem-Frage gelöst? Wäre eine internationale Verwaltung nicht eine bessere, wenn auch Israel diese dann als offizielle Hauptstadt nicht mehr behaupten kann?

Es bedarf anderer Aktionen, engerer Kooperationen und der Einräumung sämtlicher Souveränitäten, die einem Staat gebühren. Es muss ein neues bindendes Abkommen geben, nachdem das Oslo-Abkommen nun nichtig ist. Es braucht so vieles, doch das ist nichts im Vergleich zu jedem Menschenleben, das dafür ausgelöscht wird.

Israel steht in der Schuld jener, die nach dem Holocaust als Überlebende nach Palästina kamen. Gleichzeitig steht Palästina in der Schuld der Welt und sollte bereit sein, Israel die Hand zu reichen.

Nur gemeinsam kann man eine dritte Intifada nach der ersten von 1987 bis 1991 und der zweiten Intifada von September 2000 bis zum Februar 2005 verhindern.

GEGEN DEN IS GIBT ES KEINEN EINFACHEN WEG
(Veröffentlicht: 19. November 2015)

Nach den Anschlägen in der französischen Hauptstadt Paris mit über 130 Toten und den Anschlägen in Beirut, der Hauptstadt des Libanon, wird über Konsequenzen nachgedacht. Wie könnte man dem Islamischen Staat (IS) / Islamischen Staat in Irak und Syrien (ISIS) entgegentreten. Frankreich begann nach den Anschlägen mit massiven Luftangriffen, u.a. auf die inoffizielle Hauptstadt Rakka. Manche wollen den IS durch Bombardierungen der Ölanlagen in die Knie zwingen und diesen so seiner lebenswichtigen Geldquellen berauben. Auch diskutiert wird der Einsatz von regulären Bodentruppen, ähnlich wie dies von Russland in stark vermindertem Umfang vollzogen wird.

Was aber ist möglich? Was ist gut und richtig? Was ist falsch? Zu Beginn müssen wir leider eines feststellen: der herbeigesehnte demokratische Weg wird hier scheitern. Das hat gewiss nichts mit dem Islam zu tun, sondern damit, dass die Staaten des Mittleren Ostens mehrheitlich autokratisch geprägt sind und anders als Staaten im Westen keine Strukturen besitzen, die einen Wandel an der Spitze tragen könnten. Es kann sein, dass man in Zukunft wieder Vorlieb nehmen muss mit Autokraten an der Spitze von Staaten wie Syrien oder einst Irak mit Saddam Hussein. Auch müssen wir uns auf einen langen Weg einstellen, da die Stabilität der Region nicht so schnell hergestellt werden können wie sie zerstört wurde. Dies ist eine bittere Pille, die man zu schlucken hat. Und man muss dem russischen Präsident Wladimir Wladimirowitsch Putin zustimmen, wenn er zu Assad hält—auch wenn man dies eigentlich nicht will. Sicher gibt es zu ihm Alternativen. Wie sie aber zum Tragen kommen, das wird in diesem Artikel auch noch besprochen.

Auch wird zur Befriedung der Region ein weitgehender Wandel in der religiösen Auseinandersetzung zwischen Sunniten und Schiiten stattfinden müssen und dies schließt die Staaten des sunnitischen Halbmondes auf der arabischen Halbinsel mit ein wie auch die Staaten des schiitischen Halbmondes mit Iran, Syrien und des Libanons (hier vor allem durch die Hisbollah).

Anschläge sind ein perfides Rekrutierungswerkzeug

Nach den Anschlägen und mit der Gewissheit, dass es sich um einen islamistischen Anschlag gehandelt habe gab es unverzüglich Diskussionen über die syrischen Flüchtlingen, da einer der Attentäter angeblich als Flüchtling getarnt über die "Balkanroute" nach Frankreich gekommen sei. In Kanada und den USA wollen einzelne Bundesstaaten die Aufnahme von syrischen Asylbewerbern stoppen und in EU-Staaten wird über einen Aufnahmestopp für syrische Flüchtlinge nachgedacht. Die Ereignisse und die Hintergründe sind Wasser auf den Mühlen von

Rechtspopulisten. Und gerade jene—von Marine Le Pen (Front National) über Horst Seehofer (CSU) bis zu Frauke Petry (AfD) lassen sich ungewollt einspannen in eine hinterhältige Strategie.

Man sollte aber nicht vergessen, dass die Flucht aus dem Gebiet des IS unter Strafe steht. Die Flüchtenden sind somit Verräter. Somit würde der IS die Flüchtlinge später durch seine Aktionen, die ihnen schadet, instrumentalisieren. Ein großer Verlust wäre es für den IS nicht.

Die Täter aus Belgien und Frankreich entstammen einer Gesellschaft, in der sie ausgegrenzt waren, nicht aufgenommen wurden (nicht selten aus xenophobischen Gründen) und wegen eben solcher "Schicksalsprobleme"—das Scheitern als Person in der Gesellschaft, das Fühlen als Fremder, das Missen einer konkreten Identität in der Gesellschaft—einen Halt suchten und damit anfällig waren für die

Heilsversprechen von radikalen Islamisten, die diesen Menschen Halt und ein Zugehörigkeitsgefühl versprachen, wenn sie sich einer Gemeinschaft anschließen. Das ist nicht nur ein Phänomen bei Islamisten, sondern ist auch bei Rechtsradikalen und Co. zu beobachten. Die Ideologie ist austauschbar, was bleibt, das ist das Zugehörigkeitsgefühl und das Wissen, dass man hier eine Aufgabe hat.

Europa schafft sich seine Extremisten also selber, wenn es nicht die Umstände von Diskriminierung und Ausgrenzung bekämpft, wenn es nicht die Kultur der Menschen akzeptiert. Dabei können das genauso Konvertiten sein. Europa, das sollte gelten, "ist kein Christenclub", wie es der türkische Staatspräsident Recep Tayyip Erdogan (AKP) einst sagte.

Wenn in Folge der Anschläge also eine Isolierung oder Diskriminierung von Muslimen stattfindet, nicht nur bei den hier lebenden Gläubigen, sondern auch unter den zahlreichen Flüchtlingen, die eigentlich vor dem IS geflohen sind, dann werden zum Beispiel Salafisten ein eher leichtes Spiel damit haben, wenn sie Anhänger anwerben wollen. Und damit könnten sie Schläfer, also aktivierbare Attentäter, oder aber neue Kämpfer für das Kriegsgebiet in Syrien und Irak gewinnen.

Bodenkrieg wäre nicht zu gewinnen

Es sei trotz der Entschlossenheit aller Staaten von einer Bodenoffensive abzusehen. Sie würde in einem Fiasko enden. Die Geschichte hatte oft genug gezeigt, dass reguläre Armeen große Probleme im Kampf gegen Guerilla-Einheiten haben, wie man dies am Beispiel der US-Streitkräfte im Irak nach 2003, in Afghanistan oder in Vietnam hat sehen können. Sowjetische Einheiten scheiterten ebenso als sie in Afghanistan einem Verbündeten zur Hilfe eilten und die junge Russische Föderation hatte große Probleme bei der Niederringung der Separatisten in Tschetschenien. Auch Israel muss im

Kampf gegen die Hamas in Gaza oder die Hisbollah im Südlibanon mit Problemen klarkommen.

Politisch wäre eine Bodenoffensive bald an ihre Grenzen angelangt, da man von den Menschen einen hohen Blutzoll fordert. Der Krieg wäre brutal, Soldaten würden für mediale Botschaften und Folter- oder äußerst brutale Tötungsszenen missbraucht. Dies würde an den Nerven einer jeden Bevölkerung zehren. Auch könnte man damit rechnen, dass man sich als Isolationist aus dem Konflikt wieder zurückzieht, da der innenpolitische Druck zunimmt.

Moral ist dabei ein noch größerer Faktor. Während die kurdischen Streitkräfte ihre Heimat verteidigen, würden Truppen der westlichen Staaten und Russlands in Länder versetzt, zu denen man keine Bindung hat und man träte einem Gegner gegenüber, der nicht davor zurückschreckt, Gefangene zu kreuzigen, bei lebendigem Leibe anzuzünden oder anderweitig zu quälen. Man führe sich vor Augen, wie man sich fühle, wenn man in Angesicht zu Angesicht gegen einen Gegner kämpft, der einem sowas bei Gefangennahme antäte.

Luftschläge wie sie derzeit von mehreren Staaten vollzogen werden hätte zwar einen Wert, dieser aber ist gering. Sie können Öltransporte stoppen und Stellungen zerstören. Sie helfen aber nicht gegen diese Streitmacht. Dennoch bleiben sie nützlich.

Auch Assads Streitkräfte könnten in einem Bodenkrieg keinen großen Sieg einfahren. Schon die neue irakische Armee scheiterte gegen den IS trotz zahlenmäßiger Überlegenheit. Ein Weg zum Sieg gegen den IS wäre der Aufbau einer eigenen Guerilla-Armee, welche mit selbigen Mitteln zuschlägt wie es die Terrormiliz tut. Sie aber müsste aus Einheimischen bestehen, die sich dem Land verbunden fühlen. Sie würden dann Unterstützung aus der Luft erhalten, aber auch logistisch durch Geld und Waffen. Letztere sind jedoch höchst problematisch, da sie nicht—erneut—in die Hände des IS fallen sollten.

Struktur und Wohlfahrtsstaat

Was auch zum Erstarken des Islamischen Staates beigetragen hat sind fehlende Autoritäten der Zentralregierungen in Damaskus (Syrien) und Bagdad (Irak) zur Festigung der staatlichen Strukturen und ein Wohlfahrtssystem, welches inzwischen durch den IS eingeführt und von der Bevölkerung genutzt wird. Zu erwähnen sind da zum Beispiel eine Form der Arbeitslosenhilfe oder auch eine Witwenrente.

In einem früheren Artikel hatte ich bereits erwähnt, wie der IS ein Machtvakuum hat ausfüllen können. Solch ein Vakuum entstand im Irak neben des Konfessionskonfliktes von Schiiten und Sunniten auch mit der Auflösung des Baath-Partei als herrschende Partei mit Saddam Hussein al-Tikriti an der Spitze.

Auch die sozialen Zuwendungen üben ihren Reiz aus, so dass manch Einheimische in den IS-Gebieten sagen, dass es ihnen unter dem IS trotz strikter Regeln besser ginge, da man sich nicht mit der Armut konfrontiert sähe und zum Beispiel Witwen und Waisenkinder finanzielle Zuwendungen bekämen. Eben jene Leistungen, die es in alten Staaten wohl kaum oder nur selten gegeben hat—und wo der Eindruck konfessionell bedingter Benachteiligung sich verstärkte.

Sozialprogramme sind derweil kein Alleinstellungsmerkmal des IS. Sie wurden und werden auch von der der ägyptischen Muslimbruderschaft entsprungenen, sunnitischen Hamas angeboten oder auch von der schiitischen Hisbollah im Südlibanon. Solche Organisationen haben oft einen sozialen, einen politischen, aber eben auch einen militärischen Arm.

Finanzen

Geld ist immer ein essenzieller Bestandteil einer jeden Organisation. Der Islamische Staat finanziert damit seinen Krieg, unterstützt Familien und Bedürftige, hilft den Hinterbliebenen von Schahiden (Märtyrern— wahrscheinlich sind hinterbliebene Personalausweise von Attentätern auch dazu da, um den IS über den "Ausgang" einer Operation zu informieren, so dass diese den Familien entweder Geld oder eine Nachricht über das "ruhmreiche Opfer" des Familienmitglieds zu informieren) oder aber man hilft denen, die willig sind, sich dem IS anzuschließen, nach Syrien zu reisen.

Die Einnahmequellen des IS stammen aus dem Ölgeschäft. Das Öl wird mit Lkw über die Grenzen in die Türkei gebracht und dort verkauft. Diese Schlupflöcher sind zu stopfen. Und dennoch machen Erdölerlöse nur einen Teil der Einnahmen aus und diese Einnahmen können weiter schwinden, wenn die Organisation Ölfelder verliert oder aber man auch in Zukunft keinen Weg findet, Experten für die Wartung der Ölförderanlagen anzuheuern. Mangelnde Wartung und damit eintretende Alterserscheinungen würden die Effizienz der Anlagen sinken.

Steuereinnahmen und sonstige Einnahmen wie "Strafzahlungen" (Beispiel aus dem Handelsblatt vom 18. November 2015, S. 4–5, sei, dass ein "Bürger" dreimal nicht zum Gebet erschien und man somit Waren oder Gelder konfisziert). Banküberfälle spielen eine ebenso wichtige Rolle. Laut dem Fortune Magazine kann man von acht Millionen zu besteuernden Einwohnern ausgehen, wobei die Flucht von Bürgern auch hier die Einnahmequellen schmälert.

Eine dritte Einnahmequelle sind Erpressungen. Ausländische Geiseln werden nicht sofort getötet, sondern gehalten und die Familie aufgefordert, Geld zu überweisen, um den Gefangenen freizukaufen. Die US-Bundesregierung verbietet es US-Bürgern (und Naturals), mit Geld Menschen freizukaufen. Auch spenden fließen hier ein, sind aber nicht so wichtig wie bei Al-Qua'ida. *EDIT (19. November 2015): Nicht außer Acht gelassen werden dürfen Einnahmen aus dem Verkauf von Kulturstätten, die zuvor geplündert und/oder zerstört wurden, so wie der Tempel im syrischen Palmyra.*

EDIT (19. November 2015): Durch Raubzüge, das Ausrauben von Banken in den verlassenen und eroberten Städten konnten die Kämpfer mehrere Millionen US-Dollar erbeuten. Dies fand nicht nur statt, sondern ist immer noch aktuell.

Fortune (ebd.) zufolge könnte die Unterhaltung der Kämpfer *EDIT (19. November 2015) vermutlich 25,000 Kämpfer (darunter angeblich 5500 ausländische Kämpfer)* um die $360 Millionen kosten. Eingenommen haben soll der IS über eine Milliarde US-Dollar.

Allein der Stopp von illegalen Ölimporten kann den Islamischen Staat nicht lahmlegen. Stattdessen bedarf es konkreter Kontrollen des Buch- und Bargeldtransfers.

Doch gegen die Besteuerung im IS-Gebiet lässt sich nichts machen. Hier muss der IS selber die Schröpfung seiner Untertanten übertreiben.

Konfessionelle Konflikte lösen, Nahostkonflikt besänftigen

Wieder aber mal muss eines deutlich unterstrichen werden: Ohne eine Lösung des Konflikts zwischen Sunniten und Schiiten wird die Eliminierung vom IS kaum möglich sein. Es stehen sich zwei Konfessionen gegenüber wie einst—teils noch in Irland/Nordirland—Katholiken und Protestanten. Es geht um die Nachfolgeschaft des Propheten Mohammad (SAAW) und die Deutungshoheit seiner Worte in einer Religion ohne geistiges Oberhaupt wie bei Katholiken oder Buddhisten. Aber es geht auch um Rache, u.a. für den Tod den dritten Imam (schiitisches Oberhaupt) Husseins ibn Ali, dem Sohn des vierten Kalifen (für die Sunniten) und ersten Imam (da

Begründer der Schiiten) in der Schlacht um Kerbala gegen die sunnitischen Umayyaden.

Der Streit um Macht zwischen Schiiten/schiitischen Halbmond und Sunniten/sunnitischen Halbmond lebt noch heute in der Konkurrenz von Golfmonarchien unter Führung des wahhabitisch geprägten, absolutistischen Königreichs Saudi-Arabien, das mit Mekka und Medina die zwei heiligsten Stätten des Islam beherbergt, und der Islamischen Republik Iran zusammen mit dem Irak, Syrien und dem Libanon sowie dem von der Bevölkerung her mehrheitlich schiitischen Bahrain. Eine Annäherung und Überwindung der Konflikte zwischen beiden Konfessionen ist notwendig, damit eine Spaltung der Umma (der islamischen Glaubensgemeinschaft) nicht wieder einfach geschehen und in einem Bruderkrieg enden kann. Die Anschläge in Beirut können den Schiiten im Libanon gegolten haben.

Der Vergleich mit den Auseinandersetzungen zwischen Katholiken und Protestanten in Ulster, also in Irland, hinkt jedoch. Sie haben nicht die Intensität des Konflikts zwischen Schiiten und Sunniten. Dieser Konflikt reicht so weit, dass die Hamas (sunnitisch), welche einst finanzielle und wohl auch logistische Unterstützung in ihrem Krieg mit Israel vom Iran bekam und sich mit der Hisbollah (schiitisch) abstimmte, jene Verbindungen gekappt hat. Man wolle nicht mehr mit Schiiten arbeiten.

Mit der Hamas bewegt sich der Artikel auch geografisch in einem wichtigen Gebiet: Palästina. Eine Lösung oder Besänftigung des Nahostkonflikts ist unumgänglich. Der Stand Palästinas bzw. der palästinensischen Autonomiegebiete ist zu einem Motivator und Mottogeber für Islamisten geworden. Es gelte "die Zionisten" zu vernichten, Israel von der Landkarte zu tilgen und Kontrolle über das für Christen und Juden, ebenso aber auch für Muslime heilige Jerusalem zu gewinnen.

Die israelische Okkupationspolitik ist leider oft Steilvorlagengeber für den immer wieder anschwellenden Konflikt. Es bedarf nicht viel, um diesen Konflikt immer wieder aufs neue zu entzünden. Und die Reaktionen der Palästinenser, vor allem aber auch der Hamas im Gazastreifen oder mit ihr assoziierter Gruppen fordern von Israel Gegenreaktionen. Entweder wird es eine Zwei-Staaten-Lösung geben müssen oder aber Israel und Palästina bilden einen Bundesstaat mit Jerusalem als einen dritten, unabhängigen Bundesstaat.

Abschluss

Will man ISIS besiegen, dann muss man vor allem für Stabilität sorgen. Die Menschen sehnen sich nach stabilen Verhältnissen, ohne die sie sich schnell wieder ISIS anschließen werden. Einen regulären Bodenkrieg kann es so derweil nicht geben, weil die Kämpfer des IS wie Guerrillas kämpfen und sich nicht an gängiges Recht wie den Genfer Konventionen halten werden. Für diesen Kampf müssen Guerilla-Einheiten aus dem Boden gestampft werden. Vor allem aber muss man sich leider von dem Gedanken verabschieden, dass man, wenn überhaupt, demokratische Strukturen aufbauen kann. Das liegt nicht an der Religion, am Islam, sondern daran, dass es zur Führung einen starken Anführer verlangt. Vermutlich wird dieser wieder Baschar al-Assad sein, was eine Ohrfeige für jene sein würde, die gegen seine Armeen gekämpft haben.

In Europa darf man nicht den Fehler begehen und sich gegen Flüchtlinge aufhetzen lassen, damit man die nächste Generation an freiwilligen Kämpfern schafft. Doch die größten Probleme, die zu lösen sind, müssen die Menschen im Mittleren Osten selber lösen. Frieden in Palästina und die Annäherung zwischen Sunniten und Schiiten. Der Weg dahin wird beschwerlich und kräftezehrend. Es wird immer wieder Anschläge geben. Doch man darf sich einfach nicht auf einen Bodenkampf einlassen. Man muss hier Einheimische unterstützen, die für sich Syrien und Irak wieder aufbauen. So wie einst Ramsan Kadyrow, der heute Präsident von Tschetschenien ist. Ein Mann mit höchst zweifelhaftem Ruf. Doch in Tschetschenien herrscht nun weitestgehend Frieden. Wofür auch immer man sich entscheidet, das Ergebnis wird nicht das sein, was man sicht erwünscht.

SAUDI-ARABIEN
(Veröffentlicht: 5. Oktober 2017)

"Strebe nach Ruhm und Vorherrschaft, lasst uns den Schöpfer des Himmels preisen", das sind die ersten zwei Zeilen der saudi-arabischen Nationalhymne. Was so oft in einer Hymne angepriesen wird, steht bei der saudischen Politik für eine blumig beschriebene Doktrin.

Der große Wüstenstaat auf der arabischen Halbinsel, umgeben von Irak, Kuwait, Bahrain, Katar, den Vereinigten Arabischen Emiraten, Oman und Jemen zählte bis vor einigen Jahren noch als der größte Ölförderer der Welt, als Land sagenhafter Reichtümer und der Gegensätze von modernem, westlich beeinflussten Konsum und einem mittelalterlich anmutenden, *wörtlich* ausgelegten Islam. ar-Riyyad, die saudische Hauptstadt, ist das politische Zentrum des absolutistisch regierten Königreichs und Heimat der Nachfahren des Staatsgründers Abd al-Aziz Ibn Saud. Doch das geistliche Zentrum der Macht mit einer Strahlkraft über die Grenzen hinaus ist zweifelsohne die heiligste islamische Stätte Mekka, die jährlich zur Hajj, der Pilgerfahrt, von Millionen von Gläubigen besucht wird.

Als Königreich—al-Mamlakka al-Arabiyya as-Saudiyya—verfügt der König, Salman ibn Abd al-Aziz ibn Saud über die wirtschaftlichen Kapazitäten des Landes, wenn auch es natürlich eine Marktwirtschaft gibt, die jedoch wegen der überwiegend für den Staat arbeitenden Bürger eher weniger ausgeprägt sein dürfte. Die Kontrolle über die staatlichen Gewalt liegt zuweilen in den Händen der Saud-Familie—Verteidigungsminister ist der Sohn des Königs, Mohammad bin Salman al-Saud, teilweise aber auch in den Händen der Wahabiten. Bei den Wahabiten (in Saudi-Arabien spricht man eigentlich von *Salafisten*) handelt es um eben jene, die eine äußerst strenge Form des sunnitischen Islam ausleben.

Verbündeter

In einer Zeit, in der die Welt einen quasi unstillbaren Durst nach Erdöl hatte, um Autos, Flugzeuge, Schiffe und Züge zu betreiben, um Plastik und Kosmetik herzustellen, schien Saudi-Arabien unverzichtbar zu sein. Sie erhält harte Währung aus aller Welt für Öl, manchmal auch Gas und hält ein Land zusammen, dessen Staatsreligion radikal ausgelebt wird. Gleichzeitig kauft es von seinem Volk Unterwürfigkeit in Form von üppigen Sozialleistungen und lässt den Unmut über Arbeitslosigkeit, Chancenlosigkeit und strenge Regeln nicht überkochen.

Gleichzeitig kauft Saudi-Arabien auch Waffen von dem Geld, dass es durch Öl einnimmt. Mit den gekauften Waffen stärkt es sich nicht nur selber, macht sich unangreifbarer, sondern es bietet auch dem Iran die Stirn, welcher im Westen eher als Gegner angesehen wird. Gleichzeitig erzeugt die Bedeutsamkeit Saudi-Arabiens das Land auch eine Abhängigkeit. Sein Wegfall würde dem Iran erlauben, seine Macht auszuweiten.

Dass Saudi-Arabien auch trotz andauernden Kriegszustandes indirekt mit Israel kooperieren kann, wird anerkannt. Auch obwohl das Land offen verdächtigt wird, den Salafismus zu verbreiten, wird es gefördert und gestützt. Das Kollabieren des Staates würde die Region endgültig in Brand setzen und könnte Daesch/dem IS mehr Möglichkeiten geben, wo dieser doch beinahe besiegt worden ist.

Wahhabismus

Der Wahhabismus ist eine puritanische Form des Islam, der gern als mittelalterlich (im westlichen Sinne) beschrieben wird. Entstammend aus den Lehren

Muhammad inb Abd al-Wahabs im 18. Jahrhunderts konnte diese Form des Islam, welcher, auf den kleinsten gemeinsamen Nenner reduziert, am ehesten mit den christlichen Amish People in Pennsylvania oder den ultra-orthodoxen Juden verglichen werden kann, erst um die Jahrhundertwende des frühen 20. Jahrhunderts an Einfluss gewinnen, als man sich mit dem Stamm der Familie Saud anschloss. Dies führte dazu, dass diese Familie schnell ihr Herrschaftsgebiet ausbreiten konnte und 1925 die Haschemiten aus Mekka vertrieb. Die Haschemiten haben jedoch bis heute Bedeutung, denn so lautet der Name Jordaniens "Haschemitisches Königreich Jordanien" und wie sein Vorfahre Hussein ibn Ali, dem damaligen Scherif von Mekka, gilt auch der heutige jordanische König Abdullah II. als direkter Nachfahre des Propheten Mohammeds.

Die Ausbreitung des Territoriums wurde von den Salafisten (wie ich die Wahabiten im weiteren Verlauf nennen werde) als Dschihad, als heiliger Krieg, bezeichnet. Dschihad gilt dabei im Islam aber vordergründig mehr als Kampf gegen eigene persönliche Schwächen, ehe man denn vom Dschihad als wahren Krieg sprechen mag, der laut Heiligem Koran jedoch auch kein Angriffskrieg sein darf.

Die Gründung des Einheitsstaates Saudi-Arabien und die Errichtung des Königshauses erfolgte in den 1930er Jahren, stand davor aber auf tönernen Füßen. Es war nicht nur der Fall, dass die Salafisten versuchten, moderne Erzeugnisse der damaligen Zeit wie Autos zu zerstören, sondern sie wollten auch die britisch kontrollierten Gebiete im Irak und Jordanien einnehmen und griffen die Gebiete an. Das hätten die Saudis aber nicht überstanden. Dementsprechend ersuchte Abd a-Aziz die Hilfe Großbritanniens und ließ später die Anführer der salafistischen Ikhwan, der ersten regulären saudischen Armee, als Aufrührer brandmarken. Die Führung der Ikhwan starb im Kampf 1930 in Sabilla, womit auch der Ikhwan-Aufstand endete. Darauf erfolgte auch die Gründung des Einheitsstaates, der fortan den Namen der Herrscherfamilie im Namen tragen sollte: Königreich Saudi-Arabien.

Dass die Salafisten in Folge der Gründung des Staates Israel 1948 nicht weiter an Macht gewannen, mag verwundern, bedenkt man doch, dass Saudi-Arabien ein Anführer der arabischen Seite im israelischen Unabhängigkeitskrieges gewesen ist und somit Einfluss ausüben konnte. Die Antwort mag in der Niederlage liegen, welche auch den Panarabismus beerdigte, um dann wieder die Fundamentalisten zu stärken.

Aber Saudi-Arabien versuchte sich eher selber zu stärken. Der Aufstieg des von Gamal abd al-Nasser geprägten Panarabismus in Ägypten, der Niedergang der Monarchien in Irak und Jemen, welcher ein kontrastreiche Ideen im Vergleich zur wahhabitisch geprägten absolutistischen Monarchie der Saudis gewesen ist, wurde als Bedrohung angesehen. Da Nasser die Unterstützung der UdSSR erhielt, öffneten sich die Saudis mehr als noch je zuvor dem Westen, allen voran den Briten und USA, die aber auch Israel als Alliierten ansehen sollten. Im Innern verfolgte und unterdrückte man Oppositionelle und versuchte über die Nachrichtendienste den Panarabismus zu schwächen.

Erst 1979 kam es zu einem Erstarken der Salafisten. Der Aufstieg von Fundamentalisten in der gesamten islamischen Welt kann auf die Zeit um 1980 herum festgemacht werden. Die modernen panarabischen Kräfte schafften es nach drei Kriegen nicht, Israel zu vernichten und Ägypten, nun unter Sadat, schloss gar einen Frieden mit dem Erzfeind. Die UdSSR marschierten in Afghanistan ein und man entsandte religiöse Radikale in das Land, um als selbsternannte Mujahedeen zu kämpfen. In Persien wird der von den USA geschätzte und mit Israel verbündete Reza Schah

Pahlavi gestürzt, die Islamische Republik Iran unter Ajatollah (Imam) Ruhollah Khomeini begründet, womit die islamische Revolution einhergeht. Es entstehen die bewaffneten, religiösen Gruppen Hamas und Hisbollah. Und in Mekka wird die Große Moschee besetzt. Die Besetzer waren Anhänger der Muslimbruderschaft (in Ägypten) und Nachfahren der Ikhwan. Sie beklagten unter anderem das "unislamische Benehmen" der Königsfamilie sowie die außenpolitischen Beziehungen, vor allem zu den USA. Der Besetzung wurde blutig beendet, als vorher zum Islam konvertierte französische Spezialkräfte die Besetzer gefangen nahmen.

Dennoch hinterließ die Besetzung ihre Spuren. Die gesellschaftliche Ordnung wurde strenger, der Einfluss der religiösen nahm zu, der Schleier war weiter verbreitet, obligatorischer, es wurden Kinos abgerissen. Wurde Saudi-Arabien noch unter dem zweiten König Saud abd al-Aziz ibn Saud leicht modernisiert, musste König Khalid, nun dritter König, eine Kehrtwende vollziehen, die ab 1982 von König Fahd fortgeführt wurde.

Die islamische Revolution im Iran wurde als Gefahr für das Königreich gesehen. Nicht nur, dass die Salafisten jede Form des Schiitentums ablehnten, so stellte die Revolution auch den Westkurs der Saudis in Frage. Iran war ein bevölkerungsreiches Land und hatte so auch entsprechend viele Pilger, die jährlich nach Mekka reisten, wo sie die Ideen der islamischen Revolution hätten verbreiten können. Auch wollte der Iran seine Macht ausbauen, unter anderem auf Bahrain, das zwar sunnitisch regiert wurde, aber eine mehrheitlich schiitische Bevölkerung hatte. So entschied man in Saudi-Arabien, dass der Irak unter Saddam Hussein unterstützt würde, der Iran erobern wollte. Daraufhin flossen Milliarden US-Dollar von Saudi-Arabien und anderen Golfstaaten, die sich vor Iran fürchteten, in die irakischen Kassen, womit der irakisch-iranische Krieg / 1. Golfkrieg von 1980 bis 1988 finanziert wurde und bei dem auch von Irak aus chemische Waffen eingesetzt wurden.

Keimzelle

Verhängnisvoller aber war, sowohl für Saudi-Arabien wie auch für andere arabischen Staaten (z.B. Ägypten) und die USA, dass man die Mujahedeen in Afghanistan unterstützte. Mit der Invasion in Afghanistan durch die sowjetische Rote Armee 1979 (Afghanistankrieg bis 1989) wurde ein muslimisches Land angegriffen, die Ummah, die Einheit aller Muslime, wurde somit, aus Sicht der Religiösen, angegriffen. Für die arabischen Staaten ergab sich die Möglichkeit, dass man die radikalsten Kräfte loswerden konnte. Es reisten Männer in den heiligen Krieg, die ihrer Meinung nach für Gott gegen die gottlosen Kommunisten kämpfen sollten. Ihre Namen sollte man später noch kennen. Dr. Aiman al-Zawahiri (Ägypten) und Osama Bin Laden (Saudi-Arabien).

Man baute nicht nur Koranschulen, *Madrassen*, in Pakistan, sondern man sandte—nebst der Kämpfern — auch, wie die USA, Geld und Waffen. Die Kämpfer aus dem Krieg kamen später wieder zurück, wurden von den Fundamentalisten als Helden verehrt. Doch einige von ihnen waren eine Gefahr für den Staat, wie es sich zeigen sollte, als 1990 Saddam Hussein, der Präsident (und Diktator) des Irak das Emirat Kuwait überfiel, den man zuvor noch im Krieg gegen den Iran finanziell zur Stärke verholfen hatte. Statt die Hilfe der zurückgekehrten Afghanistanveteranen wie Osama bin Laden anzunehmen, der anbot, mit der geballten Macht tausender Freiwilliger in den Krieg gegen Hussein zu ziehen, erließ das Königshaus ein Dekret und bat eine internationale Koalition um Hilfe. US-amerikanische Truppen wurden somit auf das Territorium Saudi-Arabiens verlagert, von wo aus sie in den Krieg gegen den Irak ziehen sollten. Dass aber "Ungläubige" auf heiligen Boden stehen sollten, verärgerte die Salafisten, allen voran jene, die zuvor gegen die UdSSR in Afghanistan gekämpft hatten.

Saddam Hussein wurde im Krieg besiegt, der Irak und der Baathismus stellten keine Gefahr mehr für das Königreich dar. Doch es brodelte im Land. Das US-Militär hatte das Land betreten und damit Vertreter eines Staates, welches mit dem *zionistischen Regime* in Jerusalem verbündet ist. US-Bürger lebten in Saudi-Arabien nebst anderen Ausländern in Wohnanlagen und wurden, wie auch saudische Einrichtungen und Bürger selber, zu Zielen.

In der selben Zeit werden Millionen und Milliarden Dollar investiert in neue Moscheen weltweit, aber auch in Moscheenrenovierungen überall in der Welt, von Washington bis Brüssel, vom Kosovo bis Japan. Und damit soll auch der Salafismus in der Welt verbreitet werden. Der salafistische Einfluss in Saudi-Arabien mag zwar sinken, doch weltweit versucht man die *einzig wahre*

Auslegung des Koran zu verbreiten und auch die Spaltung mit dem Iran voranzutreiben, seien Schiiten doch eigentlich *unislamisch*.

Regionalmacht

Israel ist offiziell immer noch im Krieg mit Saudi-Arabien. Doch man schätzt sich indirekt. Es ist paradox, wenn man sieht, wie "das zionistische Regime" mit dem islamistischsten Staat des Mittleren Ostens auskommt, während es eine ernstzunehmende Feindschaft mit dem Iran pflegt. Und doch verbindet eben die Feindschaft mit dem Iran. Die Rivalität jedoch führt zu einer erneuten Unterstützung, welche, wie einst mit den Afghanistan-Mujahedeen oder auch der Förderung Saddam Husseins, in neuen Schwierigkeiten enden würde.

Denn der "kalte Krieg" zwischen Iran und Saudi-Arabien wird nicht nur im Jemen geführt, einem der ärmsten Länder der Welt, sondern auch in Syrien. Weicht Daesch / der Islamische Staat, dann gewinnt Assad, gewinnt der Iran. Man unterstützt entweder moderate Kräfte oder aber die islamistischen Kräfte, wie es die USA mit den Kurden und den moderaten Kräften in Syrien tun, oder aber die Türkei mit Islamisten.

Die Förderung der Kämpfer wird zweifelsohne eine Generation kampferfahrener Männer zurücklassen. Es kann wahrscheinlich sein, dass sie zu einer Gefahr für die Region würden, aber auch für Saudi-Arabien selber, wenn Extremisten das unislamische Gebaren der Herrscherfamilie anprangern und Liberale das autokratische Gebaren der Herrscherfamilie anprangern.

Wie aber die Zukunft aussehen wird, ist schwer zu sagen. Oft sieht man Saudi-Arabien und Iran einige Eskalationsstufen von einem Konflikt entfernt, der auch für die Weltökonomie fatale Folgen haben würde.

Der Konflikt aber ist nicht allein religiös, nicht nur politisch. Es ist auch wirtschaftlicher Einfluss. Die iranische Wirtschaft ist diversifizierter, ist flexibler, in mancher Hinsicht fortschrittlicher und liberaler. Gleichwohl treffen hier die westliche Welt (EU, USA, Großbritannien) auf die östliche Welt (Russland, China, ggf. Türkei).

Auch die Population des Iran ist größer, wächst auch schnell. Sie ist aufgeschlossener, kann teilweise selber über den Regierungschef bestimmen. Iran ist ein ernstzunehmender Kontrahent Saudi-Arabiens und aller Golfmonarchien. Für die Saudis aber ist der Iran noch gefährlicher, da im ölreichen Nordosten eine schiitische Minderheit lebt, da es in Bahrain vor der Haustür des Landes eine schiitische Mehrheit gibt und da der Irak mehrheitlich schiitisch ist, was unter anderem die Zuwendung von sunnitischen Irakern zu Daesh/IS unterstützt haben mag.

Krisenherd?

Mit dem Erwachsenwerden der Elektroautos und gleichzeitig mit der Förderung von Ölsanden in Kanada und Fracking in den USA verliert Saudi-Arabien an Bedeutung. Die sinkenden Ölpreis haben nicht nur Russland geschadet, sondern bedrohen auch die innere Stabilität des saudischen Königshauses und damit des ganzen Landes. Die Öleinnahmen, welche über das eventuell bald an der Börse gelisteten Staatsunternehmen Saudi-Aramco in das Land flossen, finanzierten einst die Sozialleistungen und eben die beim Staat angestellten Bürger. Bei einer jungen, sich schnell vermehrenden Bevölkerung—alle 20 Jahre könnte sich die Bevölkerung in Saudi-Arabien verdoppeln—und gleichzeitig sinkenden Öl- und Gasreserven kann dies am Ende nur zu einem größer werdenden Defizit führen, aber auch zur weitläufigen Einführung von Steuern und der Reduktion von Sozialleistungen. Letzteres aber birgt Risiken, wenn schon jetzt mindestens 30% der jungen Männer arbeitslos sind.

Die Sozialleistungen haben sozusagen das Land befriedet und die einen schweigen lassen, die Freiheit wollen, aber auch die anderen, die den Islam nach salafistischen/wahhabitischen Grundsätzen nicht streng genug ausgelebt sehen. Es mag zu hoffen bleiben, dass die saudische Regierung nicht denselben Fehler macht wie schon damals während des Afghanistankrieges, als man, wie auch Ägypten und andere arabische Nationen, die radikalsten Bürger in Krisengebiete ausreisen lässt, wo sie sich später als Mujahedeen ausgeben, um dann als Helden für die Religiösen wieder heimkehren, um dann wie eben Osama bin Laden sich einem bewaffneten, selbst bezeichneten Dschihad anzuschließen. Gleichwohl sollte man nicht den Fehler machen, wie es das Königreich mit der Unterstützung in Bahrain getan hat, als man Truppen dem Inselkönigreich zur Hilfe sandte, um Demonstrationen zu unterdrücken, oder aber wie Muammar al-Gaddafi in Libyen und Baschar al-Assad in Syrien, die mit Waffengewalt einen Bürgerkrieg vom Zaun gebrochen haben. Dies würde zweifelsohne in einem Bürgerkrieg enden, der das Haus der Saud auseinanderreißen würde, das Land in moderate und radikale Kräfte spaltet, erneut Raum schafft für Gruppen wie oder eben genau Daesch / der selbsternannte Islamische Staat. Gleichwohl würde das Gleichgewicht in der Region Mittlerer Osten zu Gunsten der Islamischen Republik Iran kippen, was wiederum den Staat Israel gefährden würde, wenn in Teheran die Reformer Rohanis von Konservativen vertrieben würden und auf Netanyahu treffen.

Die langersehnte Einführung des Rechts, dass Frauen Auto fahren dürfen, ist ein erster Schritt in Richtung Modernisierung. Sie aber kann nur langsam erfolgen. Die neuen Regeln müssen sich so in die Gesellschaft einfügen, dass sie für die Salafisten Normalität werden, um eben jene nicht zu verärgern und die Legitimität des

Königshauses nicht in Frage zu stellen. Dennoch darf man nicht zu langsam reagieren, wenn sich das Land einer schnell voranschreitenden Entwicklung gegenübersieht, in der Einnahmen sinken und aufgrund des technischen Fortschritts die junge Bevölkerung Zugriff auf Eindrücke von anderen Ländern hat, die aber nicht mit dem Weltbild der Kleriker übereinstimmen.

KALTER KRIEG IM MITTLEREN OSTEN

(Veröffentlicht: 6. Oktober 2017)

Der Jemen ist nur noch ein Trümmerhaufen, Bürgerkriegsland, Schauplatz eines Stellvertreterkrieges, angeführt vom schiitischen, republikanischen Iran, und dem sunnitisch-salafistischen Königreich Saudi-Arabien. Auf Seite des Iran kämpfen die Anhänger des bereits aufgelösten Saleh-Regimes, auch als Huthi bekannt, welche sich im Krieg befinden mit der Hadi-Bewegung, hinter der die Saudis und alle anderen Golfmonarchien sowie die USA stehen. Dazu aufzählen muss man auch Daesh / den IS erwähnen und die in diesem Gebiet noch immer starke Filiale der Al-Qua'ida.

Im Irak schlossen sich die Sunniten, zu denen einst auch der 2003 gestürzte Präsident Saddam Hussein al-Tikriti gehörte, jenen Gruppen an, die später mit dem IS verschmolzen. Der IS setzte sich auch aus ehemaligen Militärs zusammen, die nach der Irak-Invasion 2003 aus dem Armeedienst entlassen wurden sowie aus ehemaligen Mitgliedern von Husseins Baath-Partei. Sie alle fürchteten nach mehreren Jahrzehnten Herrschaft Husseins und Unterdrückung der Schiiten, dass eben jene sich revanchieren könnten, wenn sie ihre Macht festigen würden.

In Syrien führte der dem Arabischen Frühling entstammende Aufstand gegen Bashar al-Assad zu einem der blutigsten Bürgerkriege seit langem. Er führte auch dazu, dass sich ein Machtvakuum im mit dem Iran verbündeten Syrien hat bilden können. Dieses wurde ausgefüllt durch regionale Milizen, vor allem aber durch den IS. Auch in Syrien bildeten sich zwei Fronten, ähnlich wie im Jemen.

Schon 2011 gab es im Emirat Bahrain einen Aufstand, welcher brutal niedergeschlagen wurde. Dabei handelte es sich um einen Aufstand der mehrheitlich schiitischen Bevölkerung gegen die sunnitische Regierung, in den Saudi-Arabien eingriff, indem es Truppen und schweres Material zur Verfügung stellte. Es starben über 90 Zivilisten.

Religion

Die Religion spielt eine große Rolle in beiden Ländern, Iran und Saudi-Arabien. Der Iran ist schiitisch, glaubt an eine Erbfolge bei der geistigen Anführerschaft des Islam, das aber ist ein anderes Bild als bei den Wahhabiten/Salafisten (ich werde das Wort Salafisten gebrauchen) darstellt. Ebenso geht es um die Nachfolge des Propheten Mohammed, wobei aus schiitischer Sicht der wahre Nachfolger, der vierte Kalif und erste Imam Ali, hintergangen wurde und dessen Sohn Hussein samt der Familie in der Schlacht von Kerbala brutal ermordet wurde. Aus westlich/europäischer Sicht ließe sich der Konflikt entfernt mit den Konfessionskonflikten zwischen Katholiken und Protestanten in Nordirland vergleichen, wenn auch er an die Intensität nicht heranreicht.

Die Härte im Kampf zwischen den Konfessionen war jedoch nicht so stark, bis es 1979 zur Islamischen Revolution Khomeinis im Iran kam, der die Monarchie des Shah beendete und die Islamische Republik Iran begründete. Für Saudi-Arabien war dies vor allem eine Bedrohung des eigenen Systems, fürchtete man doch, dass sich das eigene Volk ebenfalls gegen die Familie der Sauds wenden könnte. Noch zuvor gab es kaum Spannungen zwischen den Konfessionen, gab es doch sogar seitens der renommierten Al-Azhar Universität in Kairo eine Fatwa, die eine Art Ökumene vorantrieb.

Allerdings, trotz der Versuche Ajatollah Khomeinis die Ummah zu einen, kam es zu einer Spaltung, die vor allem durch Saudi-Arabien vorangetrieben wurde, als man den Irak unter Saddam Hussein finanziell unterstützte, Iran anzugreifen, nachdem man zuvor einen Aufstand schiitischer Iraker niedergeschlagen hat.

Mit der Invasion Afghanistans durch die UdSSR 1979 wurde auch die dauerhafte Missionierung durch Salafisten ausgelöst. Angefangen von Pakistan, sollten von nun an Koranschulen und Moscheen errichtet werden, in denen, von Saudi-Arabien gefördert, der Salafismus geprägt würde. Es ist korrekt, dass nicht zwingend Gewalt gepredigt wird, dafür aber ein Islam der strengsten Auslegung, der nichts mit dem Islam der meisten Muslime zu tun hat.

Iran hat wiederum eine eher weniger religiöse Politik verfolgt, festigte aber die Beziehungen zu anderen Schiiten in der arabischen Welt, so zum Beispiel im Südlibanon, aber eben auch Syrien, Irak (die Mehrheit der Bevölkerung ist schiitisch), Bahrain, Jemen (Saleh-Regime) und zum Teil auch den Osten Saudi-Arabiens.

Bündnisse

Es steht außer Frage, dass der Westen mehr Nähe zu Saudi-Arabien aufweisen kann als zum Iran, seit der Shah gestürzt wurde. Es bilden sich dabei klare Bündnisse und Fraktionen ab, ebenso ein klarer Nord-Süd-Unterschied mit der von mir so getauften Sunni-

Koalition aus den Golf-Monarchien ohne Katar, der Shia-Koalition und der Halbmond-Koalition aus Katar und der Türkei.

Die Spannungen zwischen den Golf-Monarchien mit Katar über angebliche, wohlwollende Äußerungen über Iran, haben die guten Beziehungen Katars mit der Türkei hervorgehoben. Das Emirat Katar wird auch hinter der Finanzierung der kürzlich eingeweihten Yavuz-Sultan-Selim Brücke in Istanbul vermutet. Das Emirat steht auch im Verdacht, dass man Islamisten finanziert habe, ebenso wie die Türkei seit den Recherchen von Can Dündar, der seitdem für Verrat von Staatsgeheimnissen angeklagt ist.

Israel ist hier ein besonderer Fall. Wenn auch alle arabischen Staaten außer Ägypten und Jordanien den jungen Staat nicht offiziell anerkennen, so ist er doch Teil der westlich-geprägten Sunni-Koalition. Denn er fügt sich ein in die Reihe der Staaten, die Iran fürchten, wenn auch weniger wegen des schiitischen und republikanischen Einflusses, sondern der—wenn man so will—einzig verbleibenden, glaubwürdigen Stimme im Mittleren Osten, dass man Palästina wegen Israel attackieren würde bzw. könnte.

Im Vergleich dazu steht die Türkei des autokratisch regierenden Recep Tayyip Erdogan neutral zu beiden Koalitionen, wenn auch es sich mehr vom Westen entfremdet. Doch auch sie verfolgt eigene geopolitischen Interessen, die sowohl aus der osmanischen Geschichte herrühren, aber auch aus Sicherheitsbedenken wegen der Unabhängigkeitsbestrebungen der Kurden im Nordirak. Dies führt dazu, dass, nach anfänglichen Spannungen, die Türkei nebst Iran auch enger mit Irak kooperiert und man sich auch Russland annähert. Es scheint jedoch schwer vorstellbar, dass sich Herr Erdogan der Führung des Iran unterordnen würde und so eher eigenständig bliebe.

Zugleich ist der Mittlere Osten auch Schauplatz der Rivalität zwischen den USA und Russland. Russland ist es in Folge der Partnerschaft mit Assad gelungen, dass man durch eine Stützpunktinstallation seine eigene Position stärkt, während die Präsenz der USA im Irak fast vollständig zurückgefahren wurde.

Fundamentalisten

Obwohl alle Seiten im IS einen gemeinsamen Feind sehen und zum Beispiel Saudi-Arabien die Unterstützung des bewaffneten Dschihad per Fatwa verbat, bleibt zu bezweifeln, ob beide Seiten plus der Halbmond-Koalition den radikalen Islamismus wirklich nur bekämpfen, oder sie doch unterstützen, wie die Türkei.

Beide Seiten stehen im Verdacht, mindestens bewaffnete Gruppen zu unterstützen, wie früher reiche Saudis Al-Qua'ida unterstützt haben sollen. So fließen

Millionen an Dollar aus Saudi-Arabien an radikale sunnitische Rebellen in Syrien, um Assad zu stürzen, Iran unterstützt die Hisbollah, die sowohl in Syrien an Assads Seite wie auch im Jemen mit den Huthi eingesetzt wird. Die USA unterstützen zusammen mit der EU die kurdischen YPG und Peshmerga-Einheiten. Letzteres ist ein Ärgernis für Assad, aber auch für Präsident Erdogan.

Der IS wirkt weitgehend unabhängig, verdient aber sein Geld mit Ölverkäufen, u.a. auch an die autonome Kurdenregion im Irak und die Türkei. Die Terrorgruppe war bis vor einigen Minuten noch wie ein Staat organisiert, agiert nun aber mehr wie eine flexible Organisation, die, ähnlich der Qua'ida, überall Filialen eröffnet, wie in Afghanistan und Libyen. Der IS macht sich dabei wieder seine Flexibilität und seine Ausweglosigkeit zu Nutze. Es gibt keine Verbündeten, nur Feinde. Man agiert schneller als die schwerfälligen Staaten mit ihren Beziehungen. Vor allem aber lebt der

IS von der Aufmerksamkeit in den Medien durch Angriffe in Europa und Nordamerika, durch die man zeigen möchte, wie weit seine Macht reicht.

Doch man darf, um wieder auf Iran zurückzukommen, der sich übrigens noch mehr als Saudi-Arabien vor dem IS fürchten muss, nicht vergessen, dass dieser mit Muqtada as-Sadr im Irak einen religiösen Fundamentalisten unterstützte, welcher eine Miliz anführte und erheblichen Einfluss auf die Schiiten des Landes hatte.

Interessanterweise erfolgte eine friedliche Koexistenz zwischen Sunniten und Schiiten ausgerechnet bei zwei bewaffneten (Terror-)Gruppen, der sunnitischen Hamas im Gaza-Streifen (die auch ein Büro in Damaskus und in Istanbul unterhielt) und der Hisbollah. Dabei sind dies auch Organisationen, viel von der ägypten Muslimbruderschaft übernommen haben, welcher die Hamas auch entstammt. Beide verfügen über drei

Flügel: eine bewaffnete Miliz, einen Wohlfahrtsflügel für Bedürftige und einen politischen Flügel, der bei Wahlen antritt. Beide Organisationen konnten für eine gewisse Zeit miteinander arbeiten. Das ist inzwischen Geschichte, doch es war möglich.

Wirtschaftliche Interessen

Beide Regionalmächte haben extrem wertvolle Bodenschätze in Form von Öl und Gas, welche sie exportieren. Der Persische Golf wird für den Transport der Waren sowohl von Iran als auch Saudi-Arabien gebraucht und ist von immenser strategischer Bedeutung, da er einfach zu blockieren und sich dort bewegende Ziele einfach auszumachen sind.

Wirtschaftlich steht Saudi-Arabien aber auf tönernen Füßen wohingegen Iran stabil, da diversifiziert ist. Der Staatssektor im Königreich ist gigantisch und kann je nach Ölpreis Überschüsse sinken oder ein Defizit verursachen. Iran hingegen hat eine Marktwirtschaft mit Autobau, Technologie- und Internetsektor und ist insgesamt pluralistischer. Zudem musste sich Iran vom Westen emanzipieren, um weniger von den Einfuhrbeschränkungen betroffen zu sein.

Ohne Zweifel würde der plötzliche Wegfall der Nachfrage von Öl und Gas beide Länder in eine Krise stürzen. Iran aber würde weniger davon getroffen als Saudi-Arabien mit seinen üppigen Sozialausgaben zur Besänftigung seiner Bevölkerung. Auch hat Iran weniger einbußen, da es aufgrund der jahrelangen Sanktionen seine Ölindustrie nicht hat erneuern können.

Im saudischen Interesse läge also, ebenso wie im israelischen, dass Iran nicht gestärkt würde, indem es zum Rohstoffexporteur würde. Denn die eingenommenen Petrodollars könnten die Wirtschaft stärken und stärkere Investitionen in moderne

Waffensysteme—allen voran ballistische Raketen— erlauben, die zu einer Gefahr werden können. Saudi-Arabien ist bereits dabei eine Pipeline zu planen, welche es erlauben würde, dass das Öl fortan im Golf von Akaba zu verladen, womit man nicht im Visier iranischer Militärs wäre. So bliebe dennoch die Schwachstelle Nordosten, wo das Öl gefördert wird und wo auch viele schiitische Saudis leben.

Innere Machtkämpfe

Weder Iran noch Saudi-Arabien sind, entgegen der Darstellungen, fixe Systeme. In beiden Systemen gibt es Herrschaftswechsel, welche den Kurs jederzeit beeinflussen. War die Islamische Republik Iran unter Präsident Ahmadinedschad streng konservativ und von Falken geführt, ist es nun unter dem Reform-Präsident Rohani gemäßigter. Die Saudis quälen sich noch immer mit der Erbfolge ab, welche die ursprünglich fünfzig(!) Söhne ibn-Sauds hinterließ und die alle einen Anspruch auf den Thron haben. Da alle amtierenden Könige bereits ein hohes Alter erreicht haben, könnte es an der Spitze des Königreichs zu häufigen Wechseln und damit zu häufig wechselnden Regierungsstilen in Riad führen.

Iran sieht sich immer wieder mit dem Argwohn des Westens bezüglich seines eigenen Atomprogramms konfrontiert. Erfolgreiche Verhandlungen stärken die Reformer, während Niederlagen die eher dem obersten geistigen Führer Ajatollah Chamenei nahestehenden Hardliner stärken, welche wieder eine andere, resolutere Gangart sehen wollen.

In dieser Hinsicht ähneln sich Saudi-Arabien und Iran eher. In beiden Systemen sitzen die Kleriker an den Hebeln der Sicherheitsdienste und die Herrscher müssen sich mit den Klerikern auseinandersetzen, welche jede Lockerung strenger gesellschaftlicher Regeln kritisch beäugen, so wie die Aufhebung des

Fahrverbots für Frauen in Saudi-Arabien oder das Stadionverbot für Frauen in Iran.

Der Aufstand im Iran nach Wahlsieg Ahmadinedschads wurde von den Sicherheitskräften niedergeschlagen. Dabei erfolgte dies nicht auf Befehl des Wahlsiegers, der da schon Präsident gewesen ist, denn dieser hatte dazu nicht die Befugnisse, sondern auf Geheiß von Wächterrat und obersten religiösen Führer, also Ajatollah Chamenei.

Die Saud-Familie stellt zwar den Befehlshaber, doch ihr Einfluss kann sehr gering sein, wenn sie sich mit den Salafisten an der Spitze des Staates anlegt. Die Stirn bot früher nur Ibn-Saud, als er den Ikhwan-Aufstand niederschlug, um zu verhindern, dass er für die Überfälle der für und mit ihm kämpfenden Salafisten auf britische Gebiete verantwortlich gemacht würde. Die geopolitischen Folgen eines solchen Handelns wären heute aber fataler als damals, wo der Mittlere

Osten noch nicht so entwickelt, noch nicht so bedeutend gewesen ist.

Abschluss

War einst Israel der Punkt, wo sich die Interessen der arabischen (und persischen) Staaten getroffen haben, so ist es heute die andere Konfession, Sunni-Islam oder Schia-Islam. Dieser kalte Krieg geht beinahe allein von den big players Iran und Saudi-Arabien aus, an dem der Rest der Welt eher passiv beteiligt ist. Ein heißer Krieg liegt dabei nicht im Interesse irgendeiner Partei, wenn er zu einer direkten Konfrontation führt. Dieses Gebaren erinnert nicht ohne Grund an den kalten Krieg zwischen den USA und der UdSSR. Die heutige Situation ist ähnlich und führt mit Türkei-Katar noch eine dritte Gruppe ein. Und obwohl auf eine Region beschränkt, wirkt sich dieser Konflikt wirtschaftlich und sicherheitspolitisch auf die ganze Welt, vor allem aber auf den Westen aus.

FALKEN IM HEILIGEN LAND
(Veröffentlicht: 10. Oktober 2017)

Annäherung,   Distanzierung,   Annäherung, Distanzierung. Es scheint immer das gleiche Spiel zu sein, wenn es um eine Lösung des Nahostkonfliktes zwischen Israel und den Palästinensischen Autonomiegebieten (im weiteren Verlauf Palästina) geht. Auf israelischer Seite sind es die Falken, also rechtslastige Parteien wie der Likud-Block, Shas, Vereinigtes Thora-Judentum, Jüdische Heimat und Unser Haus Israel. Auf palästinensischer Seite ist es vor allem die Hamas, jene von der ägyptischen Muslimbruderschaft mitgegründete Organisation, die neben ihren militanten und sozialen Flügeln eben auch einen politischen Flügel hat. Im Norden begegnet Israel der Schiiten-Miliz (und Partei) Hisbollah und im zu Ägypten gehörenden Sinai sitzen IS-getreue Milizen. Gleichwohl braucht sich Israel nicht darum sorgen, dass die Muslimbrüder in Kairo die Macht haben, nachdem das Volk die Regierung gestürzt hat und General as-Sisi die Zügel in der Hand hält.

Beide Seiten haben ihre, wenn man so will, Quertreiber und Sturköpfe, die einen Friedensprozess schwer machen und immer wieder neue Wut auf beiden Seiten schüren. Seien es Raketen aus dem Gaza-Streifen auf Israels Süden, sei es die Zerstörung eines Hauses der Familie von Attentätern in Palästina durch die israelischen Streitkräfte. Beispiele gibt es genug. Nicht selten wird das eigene Handeln mit der vorhergehenden Tat des *Feindes* gerechtfertigt. Die Resonanz darauf käme kurz darauf wieder von diesem *Feind* als Reaktion auf die zuvor stattgefundene Handlung.

Der Konflikt um Palästina ist, ohne Zweifel, zu einem Randkonflikt degradiert worden, außer für den Iran. Die Golf-Monarchien haben ihre Feindschaft zu Israel eher gebremst und der türkische Präsident Erdogan braucht nun einmal ein Thema, um seine religiösen Anhänger bei Laune zu halten, obwohl er nach der jahrelangen Eiszeit wegen der Gaza-Flottille die Nähe zu Israel sucht. Eine Annäherung zwischen Palästina und Israel scheint aber umso schwieriger, je länger der Prozess dauert. Denn zumindest auf israelischer Seite sind die ultraorthodoxen Juden jene Bevölkerungsgruppe, die am schnellsten wächst. Und diese vertreten eine Ansicht, nach der Israel ganz Palästina früher oder später als Territorium innehaben sollte.

Siedlungsbau

Der Siedlungsbau Israels ist nicht ohne Grund umstritten. Es werden kleine Städte auf palästinensischem Boden gebaut und das Gelände drumherum fortwährend für Palästinenser eingeschränkt. Die Bewohner der Siedlungen sind nicht selten die Ultraorthodoxen und damit diejenigen, die— bis vor kurzem—von der Wehrpflicht für Männer und Frauen ausgenommen waren. Dies stößt ebenso auf Widerstand unter den Orthodoxen, deren Einfluss auf

115

die Regierung Binyamin Netanyahus nicht als gering eingestuft werden sollte, denn sie verteidigt den Siedlungsbau und vertritt manchmal mehr, manchmal weniger deren Interessen.

Palästina gleicht inzwischen teilweise einem Flickenteppich und der Gebietsverlust geht auch mit der Grenzmauer einher, welche auch auf palästinensischem Territorium verläuft. Die gesamte Grenzziehung und die Siedlungen haben für die Palästinenser zur Folge, dass sie, je nach Wohnort, kilometerlange Umwege laufen müssen. Das ist eine Situation, die natürlich Wut hervorruft und nicht zur Entspannung der Lage beiträgt. Selbiges Bild zeigt sich auch in Hebron, wo der Stadtkern unterteilt wird, nachdem dieser auch von Juden bewohnt wird.

Die Orthodoxen, die sich von den eher westlich auftretenden Israelis oft mindestens durch eine Kippa, ebenso oft aber auch durch einen schwarzen Hut, weißem Hemd mit weißen Knöpfen und einer schwarzen Hose abgrenzen, gehen dabei nicht missionarisch vor. Sie expandieren eher in die von ihnen als heilig angesehenen Ländereien und unter ihnen gibt es auch Vertreter, die Symbole modernen Lebens wie Musik ablehnen (und Musikgeschäfte zerstören), Kamerateams mit Wasser bespritzen und ein eher autarkes Leben führen. Man würde aber zu weit gehen, diese Gruppe als Steinzeitjuden zu bezeichnen und somit mit dem IS, den Taliban oder anderen Vertretern eines Steinzeitislam zu vergleichen. Rückständig aber in der Art, wie sie leben, wäre dies allerdings. Gemein aber haben die oben genannten Gruppen folgendes mit den chassidischen/ultra-orthodoxen Juden, dass sie Staaten mit weltlicher Rechtsordnung ablehnen und sich an der heiligen Schrift orientieren wollen. Das Thora-Studium hat bei den Jüngeren also Priorität und hilft bei der Einprägung der Nachricht, dass das jüdische Volk das Volk Gottes sei und das Land in Palästina besiedeln sollte.

CHRISTIAN KRAMP

Dein Freund und Feind

Mahnungen, Bitten um Einstellungen des Siedlungsbaus seitens der Vereinigten Staaten von Amerika zuletzt durch die nicht mehr regierende Obama-Administration finden kaum Gehör, auch, weil Obama nicht als Freund Israels angesehen wurde. Israel habe das Recht, nehme sich das Recht. Mit Obama traf auf Netanyahu kein Falke, sondern ein zum Pragmatiker mutierter Idealpolitiker. In Europa konnte er die Massen für sich gewinnen, doch in Israel war man sich seiner Politik nicht sicher, als er sich gegen einen Luftschlag gegen die iranischen Atomanlagen entschied und statt dessen ein Schadprogramm Stuxnet Zentrifugen stark beschädigte.

Der Eindruck, dass die israelische Bevölkerung einen Krieg herbeisehnt, soll nicht entstehen. Dass die Israelis sich aber vor einem nuklear-bewaffneten Iran fürchten, sollte aber nicht unbeachtet bleiben. Trotz des Iron Dome getauften Raketenabwehrschilds, der Rakten aus dem Gaza abgreift, trotz eines eigenen, inoffiziellen Nukleararsenals, wird ein Land, dass nur etwas größer ist als New Jersey, trotz eines mächtigen Nachrichtendienstapparats, der verdeckt agieren und stören kann, fürchtet Israel einen Feind, der zahlenmäßig, nicht aber technisch, der Israel Defence Force (IDF) überlegen ist und der es zerstören kann. Es ist aber auch etwas, was mit Blick auf die Geschichte verwundern mag. Nämlich, dass nach dem Holocaust Israel ein vom Vorgehen her teils aggressiver Staat ist, wo es auch immer wieder zu Menschenrechtsverletzungen in konfliktreichen Gebieten kommt.

Wie aber ließe sich dies erklären? Hierzu möchte ich kurz ausholen. Ich fragte einst eine Bekannte von mir, sie war eine osteuropäische Jüdin und hatte auch Verwandte in Israel, wieso immer vom jüdischen Volk gesprochen würde, sei das Judentum doch lediglich eine Religion. Sie antwortete, und das werde ich nie vergessen, dass die Juden (es fühlt sich merkwürdig an von "den Juden" zu sprechen, wenn man in Deutschland aufgewachsen ist) in einer Jahrtausende währenden Geschichte immer wieder Opfer von Sklaverei und Völkermord wurden. Ägypten, Babylon, Rom und das Ende der Festung Massada, die Vertreibungen im Mittelalter, Hitler. Es blieb den Juden nur, dass man die eigene religiöse Identität auch die Identität des einen von Gott auserwählten Volkes begriff und dazu Traditionen und Sprache pflegte und man in Stadtvierteln lebte wie die Italiener in Little Italy.

Die immer wiederkehrende Angreifbarkeit des jüdischen Volkes in der Vergangenheit tat ihren Teil dazu bei, dass die nun erlangte Souveränität zu einem Grundpfeiler der eigenen Identität wurde, die es zu verteidigen gilt. Und dies galt es seit des Unabhängigkeitskrieges 1948, aber auch während des Sechs-Tage-Krieges, mehr noch während des Yom-Kippur-Krieges und seit im Iran die Mullahs an der

Macht sind. Dabei aber geht Israel mit einem Eifer vor, der es über das Ziel schießen lässt, immer im Hinterkopf, dass die Existenz Israels auch auf Vertreibungen und Völkerrechtsverletzungen gebaut wurde, die bis heute als Nakba-Tag bekannt ist, als ein Tag, der an die aus palästinensische Sicht große Katastrophe erinnert.

Die schützende Hand des Westens und vor allem der USA aber wankte, vor allem seit Obama Präsident geworden ist. Es lag aber nicht an der mangelnden Wertschätzung für Israel, sondern es war das Gegenteil. Wie es ein guter Freund machen sollte, ermahnten die USA in Form Obamas für den Siedlungsbau, für den Bau von Siedlungen im zu Palästina gehörenden Ostteil Jerusalems, da diese Aktionen schlussendlich nur dazu führen würden, dass Israel sich selber schadet.

Bibi Netanyahu aber, der, seit dem gewaltsamen Tod seines Bruders, zum Hardliner geworden ist, sieht sich mit einer Rechten konfrontiert, die einer, weil erlahmten Linken "nur" den Widerstand der Straße fürchten muss. Schlimmer noch, es kann nicht sein, dass das Drohen mit dem "kehren des Jerusalem besetzenden zionistischen Regimes von den Seiten der Geschichtsbücher" nicht bestraft, nicht gestoppt wird, wenn die Gefahr akut wäre wie durch die Entwicklung von Nuklearwaffen in einem Land, wo der Präsident eben solche Sätze wie dem vorherigen tätigt. Der Freund, der dem anderen hilft, wurde zum Feind.

Wag the Dog

Nicht vergessen werden sollte, dass Netanyahu Schlagzeilen braucht, die von ihm ablenken. Längst ist er ins Visier von Ermittlern geraten, die gegen ihn wegen Betruges ermitteln. Doch auch die verschwenderischen Ausgaben für Eis auf Staatskosten—es geht um Speiseeis im Wert von über $2000—sind publik geworden. Und kürzlich fiel Yair, der Sohn des Ministerpräsidenten, auf, als er in den sozialen Medien eine Karikatur geteilt hat, welche George Soros, einen US-amerikanischen Hedgefonds-Manager ungarischer Herkunft jüdischen Glaubens, gezeigt hat, wie dieser mehrere Individuen zu lenken wusste, indem man denen ähnlich dem Esel mit der Möhre ein Objekt der eigenen Begierde hinhielt, u.a. einen Geldschein. Der Hintergrund der Karikatur war ein antisemitischer, denn dieser stammt aus der Ecke der Alt-Right-Bewegung, wo man Soros und "internationales Finanzjudentum" höchstwahrscheinlich in einem Satz verwenden würde.

Da braucht man etwas, damit die Bevölkerung mit anderen Sachen beschäftigt ist. Ähnlich wie in der Politsatire Wag the Dog reicht hier ein inszenierter Konflikt, ein heißes Eisen, das geschmiedet wird oder etwas anderes in der Art. Hauptsache, der Schwanz wedelt mit dem Hund. Und da könnte man ja auch die liberale Gesellschaft an der Küste besänftigen, ehe diese wieder die gemäßigteren Parteien stärkt. Also wird man sich kaum gegen ein Urteil wehren, nach dem die Ausnahmeregelung für Orthodoxe bei der Wehrpflicht verfassungswidrig sei. Ein Manöver an der Grenze zum Südlibanon in Sichtweite der Hisbollah zeigt Stärke und Unterstützung für einen angeklagten Soldaten, der einen am Boden liegenden Palästinenser erschossen hat, sichert den Zuspruch der Rechten.

Israel, das ist klar, ist ein wichtiger Machtfaktor im Nahen Osten. Aber wie auch in anderen Ländern auf der Welt wird es derzeit von Leuten regiert, die ihre Macht eher managen und die öffentliche Meinung versuchen zu beeinflussen, statt sich in einem System einzugliedern, dass den Pluralismus fördert und die Demokratie schützt. Derzeit ist Israel aber auf dem langsamen Weg der Apartheid und verlässt den Pfad eines Staates, der von Holocaust-Überlebenden mitgegründet wurde. Israel kann es besser.

Russland, Kurdistan und Einflussgebiete
(Veröffentlicht: 10. Oktober 2017)

Mit seiner Reise in den Iran zeigte der türkische Präsident Erdogan, dass sich die zwei Länder annähern und verständigen können. War es zu Zeiten von Präsident Ahmadinedschad ein befremdliches Ereignis, wenn dieser in das Land Atatürks, dem Vater der Türken, reiste und man sich fragte, ob er dessen Mausoleum besuchen würde, ist dies heute anders. Die Türkei hat sich mit der AKP an der Spitze von Europa entfernt und ist religiös-konservativer geworden.

Die Religion aber ist immer noch das große Unterscheidungsmerkmal zwischen dem Riesen am Bosporus und dem Riesen am Persischen Golf. Ist die Türkei islamisch-sunnitisch, so ist der Iran islamisch-schiitisch. Zuvor habe ich schon erwähnt, dass dies in der Region Mittlerer Osten einen Unterschied macht, wenn man sich die beiden Kontrahenten Iran und Saudi-Arabien ansieht. Man darf die Türkei, die immer noch NATO-Mitglied und immer noch Bewerber um die EU-Mitgliedschaft ist (die die Türkei laut Herrn Erdogan nicht mehr benötigt), der sunnitischen Fraktion des Mittleren Ostens zuordnen. Die Türkei steht derzeit dem Emirat Katar am nächsten, das wegen seiner angeblichen Nähe zum Iran und der Förderung des Terrorismus von den sunnitischen Golfstaaten boykottiert wird. Die Nähe zum Iran basiert derzeit eher auf zwei Veränderungen.

Kurdistan

Die erste Veränderung heißt Kurdistan. Genauer gesagt das Unabhängigkeitsreferendum der autonomen Kurdenregion im Nordirak. Die in weitgehender Autonomie lebenden Kurden wollen einen eigenen Staat, sind sie doch als eines der wenigen großen Völker ohne eigenen Staat bekannt.

Die Türkei, aber eben auch der Iran und Syrien fürchten, dass ein souveräner kurdischer Staat die kurdischen Minderheiten in ihren Ländern dazu bewegen könnte, sich diesem Staat anschließen zu wollen. Leb(t)en in Syrien bis zu 2.5 Millionen Kurden, sind es im Iran schon bis zu acht Millionen Kurden. Mit denen zwischen 15 und 20 Millionen Kurden in der Türkei und den fünf Millionen Kurden im Irak würde ein Staat entstehen, der bis zu 36 Millionen Einwohner haben könnte. Ein gesamtkurdischer Staat würde drei Viertel der iranischen Westgrenze einnehmen, begänne kurz vor den östlichen Toren Bagdads im Süden bis hoch zu nach Armenien und Georgien und vom Osten würde es bis Gaziantep reichen. Dieser Staat säße auf 45 Milliarden Barrel Erdöl (1/3 der irakischen Ölreserven oder etwa die ganzen Ölreserven Libyens). Das Land wäre außerdem ein sehr Fruchtbares mit einer für irakische Verhältnisse produktiven Industrie. Und mit den Peschmerga und YPG hätte man obendrein kampferprobte Streitkräfte, wenn auch es an Material fehlen mag.

Es ist somit nachvollziehbar, dass Irak, Iran und Türkei (und sicherlich auch Syrien, hätte es keine anderen Probleme) ihr Territorium zusammenhalten wollen. Irak allein schon aus wirtschaftlicher Sicht, Iran aus Sicht, dass andere Völker in der Islamischen Republik oder die gesamte iranische Bevölkerung aufbegehren könnte und die Türkei würde einerseits ihre Einheit verlieren, gleichwohl aber ginge es auch um Rückzugsgebiete für die kurdische Terrororganisation PKK. Ökonomisch gesehen wäre der Verlust nicht groß, da hier ein BIP von ca. 8900 EUR pro Kopf verloren ginge. Damit liegen die kurdischen Gebiete gar 25% unterhalb der schwächsten nicht-kurdischen Region, der östlichen Schwarzmeerregion. Doch ihr Wert ist ein anderer. Sie sind Grenzgebiete zu den öl- gasreichen Ländern Irak und Iran und fungierten oft als Schmuggelgebiete. Außerdem verlöre die beinahe den kompletten Zugang zum Mittleren Osten im Süden und auch zu den ehemaligen Sowjetrepubliken Georgien, Armenien und Aserbaidschan, einem Turkvolk, im Osten. Damit verlöre die Türkei auch seine strategische Bedeutung, war es bisher immer ein Puffer zur ehemaligen UdSSR und zum Iran.

Nun macht ein unabhängiges Kurdistan die Region noch einmal schwieriger zu handhaben. Der neue Staat hätte eher viele Rivalen in der Nachbarschaft, denn in den Reihen Irans, Syriens und Iraks (der schiitschen Koalition) würde der Staat nicht passen, ebenso wenig natürlich in die Achse Türkei-Katar. Mit seiner eher weltlichen, sunnitisch-schafi'itischen Ausrichtung würde Kurdistan aber auch ebenso wenig in eine sunnitische Allianz passen. Ein Volk, dass nach Jahrhunderten seinen eigenen Staat bekommen hat, würde am ehesten Unterstützung bei seinesgleichen finden. Der Staat Israel gilt als einer der wenigen Unterstützer einer kurdischen Unabhängigkeit. Kalkül spielt dabei eine Rolle, denn in der Region hätte der jüdische Staat einen mehr oder weniger offiziellen Partner und auch den Zugang zu Öl. Zwar hat Israel mit dem Leviathan-Feld eine eigene, ergiebige Erdgasquelle, die über Jahrzehnte gesichert ist. Doch im Kriegsfall muss man vorbereitet sein, Öl- und Treibstoffreserven aufweisen können, mit denen man eine Streitmacht mobil halten kann. Dies gilt vor allem dann, wenn die Gasförderanlagen zerstört würden, wie es während der Golfkriege im Irak geschah.

Russland

Nun gäbe es noch andere Staaten, die Interesse an den Kurden hätten oder zumindest an einer Krise. Reflexartig denkt man beim Thema Öl gleich an die Vereinigten Staaten und den Krieg gegen den Irak 2003 unter dem Vorwand, dass Massenvernichtungswaffen versteckt würden. Nun hat sich die Energieindustrie in den USA in den letzten Jahren stark gewandelt. Mit Fracking wurden die USA wieder zu einem großen Ölförderer und man darf sich sicher sein, dass ein Präsident Donald Trump einen feuchten Kehricht darauf geben wird, ob dies die Umwelt schädigt oder nicht, wenn er schon die Umweltrichtlinien seines Vorgängers Barack Obama zurückfährt.

Die USA leiden unter den niedrigen Ölpreisen, da Fracking erst bei höheren Preisen je Barrel und bei höheren Kubikmeterpreisen für Gas gewinnbringend ist. Dabei war es das Fracking, das dazu führte, dass ein energiehungriger Staat wie die USA seinen Bedarf teilweise selber stillen konnte und der Ölmarkt überschwemmt wurde. Es sind aber auch die USA, welche, trotz Unterstützung für kurdische Milizen im Kampf gegen Daesh / ISIS, den Kurden von einer Unabhängigkeitserklärung abrieten.

Russland, ebenso ein wichtiger Öl- und Gasproduzent, hatte mit Einnahmeausfällen zu kämpfen, als die Preise sanken und Öl $30 je Barrel und teils weniger kostete. Erst ab $60 würde Russland wieder profitabel sein. So wundert es nicht, wenn sich Russland mit den OPEC-Mitgliedern trifft, um eine Lösung durch

Förderregulierungen zu treffen. Erstmals traf kürzlich der König Saudi-Arabiens, König Salman, zum Staatsbesuch in Russland ein. Ebenso wie die Türkei kauften die Saudis russische S-400 Triumph Boden-Luft-Raketensysteme. Dass es aber auch um die Förderquoten ging, darf erwartet werden. Die Beziehungen sind dabei zweckmäßig, denn noch vor Jahren soll das Königreich Rebellen in Tschetschenien unterstützt haben, was Russland auch offen angeprangert hatte. Natürlich ändern sich die Umstände, u.a. die sinkende Abhängigkeit der USA vom saudischen Öl, dennoch ist es ein starkes Signal, wenn der König selber in Moskau zum Besuch eintritt.

Russland mag es zwar nicht gern sehen, wenn seine Partner im Mittleren Osten geschwächt werden. Noch unerfreulicher aber ist es, wenn die russische Wirtschaft und damit der russische Staat geschwächt werden und dies dazu führt, dass die russische Bevölkerung auf die Straßen gehen, Putin und seinem Kreis von

Gefolgsmännern und -frauen die Unterstützung entziehen würden. Denn ähnlich wie die Türkei basiert das russische Erfolgsmodell auf dem Erfolg der Wirtschaft und der Rückkehr eines starken, teils nationalistischen Gemeinsamkeitsgefühl. Dies ist im saudischen Königreich wieder anders, doch Gemeinsamkeiten sind auch hier vorhanden.

So wäre ein eigenständiger kurdischer Staat, welcher nicht der OPEC angehört, sicher auch jemand, der einen Partner braucht und der Sicherheit in der Nachbarschaft Türkei, Irak, Iran und Syrien garantieren kann, wenn im Gegenzug dafür die Öl- und Gasförderung gedrosselt und der Preis getrieben wird. Trotz aller großen Töne aus Ankara und Iran würde man sich Russlands Strategie beugen, denn die Föderation ist neben China Irans wichtigster Verbündeter im Weltsicherheitsrat. Syrien selber würde sich heraushalten, ist man doch dankbar für die Hilfe gegen die Rebellen und dem IS und die Macht Assads hängt ebenso von Russlands Rolle im UN-Weltsicherheitsrat ab.

Einen Krieg aber würde auch Russland nicht riskieren. Sicher würde dieser die Ölpreise treiben, allerdings würde dies sein Geflecht aus Partnerschaften und Allianzen in der Region gefährden. Eher mag es die russische Strategie sein, Kontrolle über Teile der Region zu gewinnen, indem man sich als Alternative zu den USA darstellt, welche mit den Wirrungen nach der Irak-Invasion 2003 den IS ermöglicht haben. Man würde ein Stabilitätsanker in der Region, welcher vor allem die Interessen der Herrschenden schützt/schützen kann. Dies muss aber nicht heißen, dass Russland nicht auch seinen eigenen Interessen nachgeht, wie es im Fall Kurdistan der Fall sein kann. Es gilt *Rossiya pervaya—* Russland zuerst.

USA

Die Vereinigten Staaten von Amerika sehen sich dieser Tage oft damit konfrontiert, dass es an Einfluss verliert. Israel ist immer noch ein Freund, aber eben ein schwieriger. War Obama entgegen aller Erwartungen nicht der Heilsbringer für den Mittleren Osten geworden, so sitzt im Oval Office nun ein Mann, Donald Trump, dessen geistige Gesundheit von einem israelischen Professor angezweifelt wird, nachdem dieser zuvor als Vorteil für Israels Regierung angesehen wurde.

Schon Obama sah sich konfrontiert mit schwieriger werdenden Situationen, teils ausgelöst durch die großen Egos der Männer im Kreml (Putin) und im Sarayi-Palast (Erdogan). Doch wo Obama noch souverän reagierte, da ist Trump ein pures Reflexmännchen mit einem größeren Ego als man es vom türkischen *Reis* kennt. Was einem nicht gefällt ist Fake News, was einem nicht passt, soll gehen und wird niedergemacht. Eine Nacht und einige Tweets später und schon findet man sich im Streitgespräch mit Kim "Rocketman" Yong-Un.

Die vermeintlichen Einmischung russischer Black Hats (böswillige Hacker) sind vermutlich nur ein Teil einer größeren Kampagne, um Russlands Einfluss zu stärken. Einerseits würde sich Russland an der Spitze einer vaterländischen Bewegung positionieren, der die Europäer folgen würden (z.B. Alternative für Deutschland, Front National, UKIP), ebenso wie Alt-Right-Bewegungen in den USA, indem man ein Europa oder aber einen Westen der Vaterländer propagiert, der von Muslimen überrannt wird und dessen Werte verloren gehen. Andererseits schafft Russland sich aber Einfluss im Mittleren Osten, wenn es weiß, wie man mit den eigenen Medienkanälen wie Russia Today und Sputnik-News so nutzen kann, dass man den Westen als eine intolerante Gesellschaft darstellen kann, welche nur des eigenen Vorteils willen zu handeln bereit ist. Hierbei müssen Taten (siehe Refugee Welcome-Kampagnen) nicht einmal im Kontrast zu dem stehen, was schlussendlich berichtet wird. Wenn ich mich nur daran erinnere, dass mir eine russische Bekannte einst ein Video schickte, welches in beinahe apokalyptischer Weise darstellte, wie Europa von gewalttätigen, vereinnehmenden Migranten überrannt wird und fragte, ob dies wirklich so schlimm sei, ist dies schon besorgniserregend. Dabei hatte jene Bekannte auch ihre Abstecher nach Zentraleuropa gemacht, war gebildet und konnte, anders als manche Russen, die ich in Moskau traf, überhaupt English, so dass sie andere Medien hätte lesen können.

Russland weiß über seine Staatsmedien die Bevölkerung einigermaßen zu kontrollieren und mit den richtigen Infohäppchen zu füttern. Das soll aber nicht bedeuten, dass die Russen nur noch seelenlose, Medien konsumierende Zombies sind. Widerstand gibt es. Doch man bekommt nicht die Aufmerksamkeit im Staatsfernsehen wie es in Westeuropa geschehen würde.

Dies aber nutzt Russland aus. Russia Today, Rossiya 1, Sputnik und Co. versorgen weltweit zehn- bis hunderttausende, manchmal auch Millionen von Interessenten von russischstämmigen Aussiedlern mit Nachrichten. Sie nutzen dabei die im Westen zurecht hochgelobte Freiheit, um sich als jene Medien darzustellen, die die Wahrheit ausstrahlen bzw. veröffentlichen, die von den Mainstream-Medien unterm Tisch gekehrt oder nur kurz erwähnt wird. Die Reichweite spielt dabei erst dann eine Rolle, wenn die Inhalte aktiv geteilt werden über soziale Medien, die sind aber Made in America, so zum Beispiel Facebook und Twitter.

Über diese Methoden haben die hinter den Kampagnen steckenden russischen Hacker (und Aktivisten) für eine Polarisation in den USA haben sorgen wollen und vermutlich auch können, was dann zur Folge hatte, dass nationalistische, xenophobe Töne zunahmen und die dann einen Präsidenten Donald Trump ermöglicht haben, der mit einem Einreisebann für überwiegend muslimische Länder exklusive der Golf-Staaten ermöglichte. Die betroffenen Staaten sind unter anderem wieder jene Staaten, die sich zum schiitischen Flügel im Mittleren Osten zählen lassen. Zugegebenermaßen ist es in gewisser Weise verständlich, dass man die Öffnung gegenüber Syrien reduziert, dessen Präsident die eigene Bevölkerung ermordet, aber es lässt einem aufhorchen. Auch wird vermutet, dass Beziehungen in die Golf-Staaten eine Rolle spielen, unter anderem Trumps Beziehungen zum saudischen Prinz Al-Walid Bin Talal Abdulazziz al-Saud. Dieser mit der reichste Mann Saudi-Arabiens hatte Trump einst vor der Pleite bewahrt und zeigte sich über Twitter erbost, als dieser gegen Muslime hetzte, mit dem Hinweis, dass er ihm so nicht ein weiteres Mal helfen würde.

Aktuell unterläuft ein Mann wie Trump mit seiner Haudrauf-Mentalität und seiner xenophoben Rhetorik die langjährige Arbeit der USA im Mittleren Osten und treibt Verbündete in die Hände anderer Mächte oder lässt diese sich zumindest von den USA abnabeln. Dies kann die Interventionskraft der Weltmacht, auf die der Franzose Emmanuel Todd einst einen Nachruf veröffentlichte, deutlich dämmen. Den Verschwörungstheorien würde dies nicht wehtun, denn sie würden weiterhin existieren. Doch der Einfluss würde sinken und ein Nachfolger für Trump müsste sich mühselig wieder hocharbeiten, bis man wieder zu alter Stärke zurückgekehrt wäre. Denn im Mittleren Osten mag der IS besiegt sein, doch die aussagekräftige Propaganda lebt weiter ebenso wie das kurze Gefühl vollkommener Macht durch erzeugte Angst, welche jede brutale Ideologie bis heute am Leben erhält. Und so wird der IS immer wiederkehren. In Libyen, wo das Chaos regiert, in Ägypten, wo die Armee auf der Sinai-Halbinsel nicht sicher ist, und in Afghanistan, welches das US-Militär auch wegen eklatanter Fehler nicht hat befrieden können.

Es läuft leider darauf hinaus, dass man den Mittleren Osten wieder teilen kann in zwei Fraktionen, die sich einer größeren Seite zuordnen. Und das sind Russland und die USA. Dabei sitzt an der Spitze Russlands mit Wladimir Wladimirowitsch Putin ein Mann, der charismatisch und äußerst intelligent ist, der einem intellektuellen Leichtgewicht wie Trump weit überlegen ist, diesen aber auch kontrollieren können muss, damit dieser keine Gefahr für Russland ist, wenn dieser wieder einmal in einer Laune eine Reihe zweifelhafter Tweets absetzt.

ÜBER DEN AUTOR

Christian Kramp, derzeit in Deutschland lebend, entdeckte
früh sein Interesse für die Politik, insbesondere für den
Mittleren Osten, das sich später weiter entwickelt hatte und
das er auf andere Themen hat ausweiten können. Er hat an
der Universität Bielefeld Sozialwissenschaften studiert.

www.ingramcontent.com/pod-product-compliance
Lightning Source LLC
Chambersburg PA
CBHW050452290526
45786CB00006B/2260